JN114361

能登の宗教・民俗の生成

由谷裕哉 編

桂書房

目次

緒論　能登の宗教・民俗に関する先行研究の代案を求めて

編者（由谷裕哉、以下「筆者」と記す）が本書を作ろうと考えたのは、第三セクターのと鉄道西岸駅（石川県七尾市）に置かれた利用客の為のノートを見たことに始まる。その辺りから本書の狙いを述べることにしたい。

一　変貌する能登と能登研究との乖離

筆者は平成二四年（二〇一二）頃から、いわゆるアニメ聖地巡礼の研究を始めていた。ここで「聖地」とは、特定のアニメファンが作品と関係する場所をそう呼び、そこを自分たちが訪れる行為を「巡礼」と称することに基づく。通説では、この語は二〇〇二年頃からファンの間で一般的になったとされる。[1] 西岸駅は、平成二三年（二〇一一）四月から九月にかけてTV放映されたアニメ『花咲くいろは』（公式略称『花いろ』）で主要キャラクターたちが通学の際に乗降する「湯乃鷺駅」のモデルとなったことにより、多くの「巡礼者」が訪れる「聖地」となった。

こうしたアニメ聖地が駅などの公共施設である場合、ファン（巡礼者）が書き込むためのノートが置かれることが多く、西岸駅もその例外ではなかった。筆者はそこへのファンの書き込みを調べて、民俗研究誌にいくつか小稿を公にした。[2] しかし、実の所、それらのノート中一冊目は、表紙に「駅ノート」と書かれ、平成二一年（二〇〇九）九月一五日と付記されていた。つまり、この一冊目はアニメ『花いろ』と無関係に、駅の利用者向けに誰かが同駅に置いたものであった。

この駅ノート一冊目についても筆者は卑見を記したことがあり、[3]それと一部重なるものの、複数の記帳に目を開かれたことを改めて述べたいと思う。以下に触れる記帳は全て、アニメの放映が始まる二〇一一年四月より前のものであった。

まず、熱心な鉄道ファンらしき書き込みから。「今日はのと鉄道全駅訪問です。（中略）当駅も古い駅舎が残されていて、たくさんシャッターを切ってしまいました。ただ、利用者が少ないですね。この駅やのと鉄道が、いつまでも残っていることを切に願っています」。この「利用者が少ない」ことについて、似たような記載もあった。「輪島、蛸島方面の線路がなくなり、これからもきびしい経営が続くと思いますが、能登鉄道（ママ）がなくならないように願っています」。

また、西岸駅の駅舎はノスタルジックな佇まいで、年輩の方が懐旧するような書き込みもいくつか見られた。次は、八五歳だという人が電車に乗って中島（西岸より南、七尾に近い方）まで行き、西岸まで戻ってきた感想を書いたもの。「10時41分発穴水行の、（ママ）ガラガラで、お客さん見えてなく、悲しくなりました。昭和20年頃は、C56号の機関車に引張られた三両の車両は満員でした。終戦の時、博多（九州）より焼土化した国内を、国鉄で降りた、そのままの駅。なつかしくて、たまに来ます」。

このような地元の方だけでなく、遠方からの観光客も利用者の少なさへの心配を書き込んでいた。生駒から来たという旅行者は、「この利用者数を見てると、正直先は長くないかな…とも。もっとも、能登北部のバスなんてもっと悲惨でしたから、何か手を打たないと能登半島そのものが死んでしまいかねない」。

以上のような西岸駅の駅ノート一冊目への記帳は、のと鉄道の乗客あるいは西岸駅での乗降客の少なさを危惧するトーンが共通していた。筆者が認識を新たにしたのは、このことが能登全体の人口動態とほぼ並行していること、い

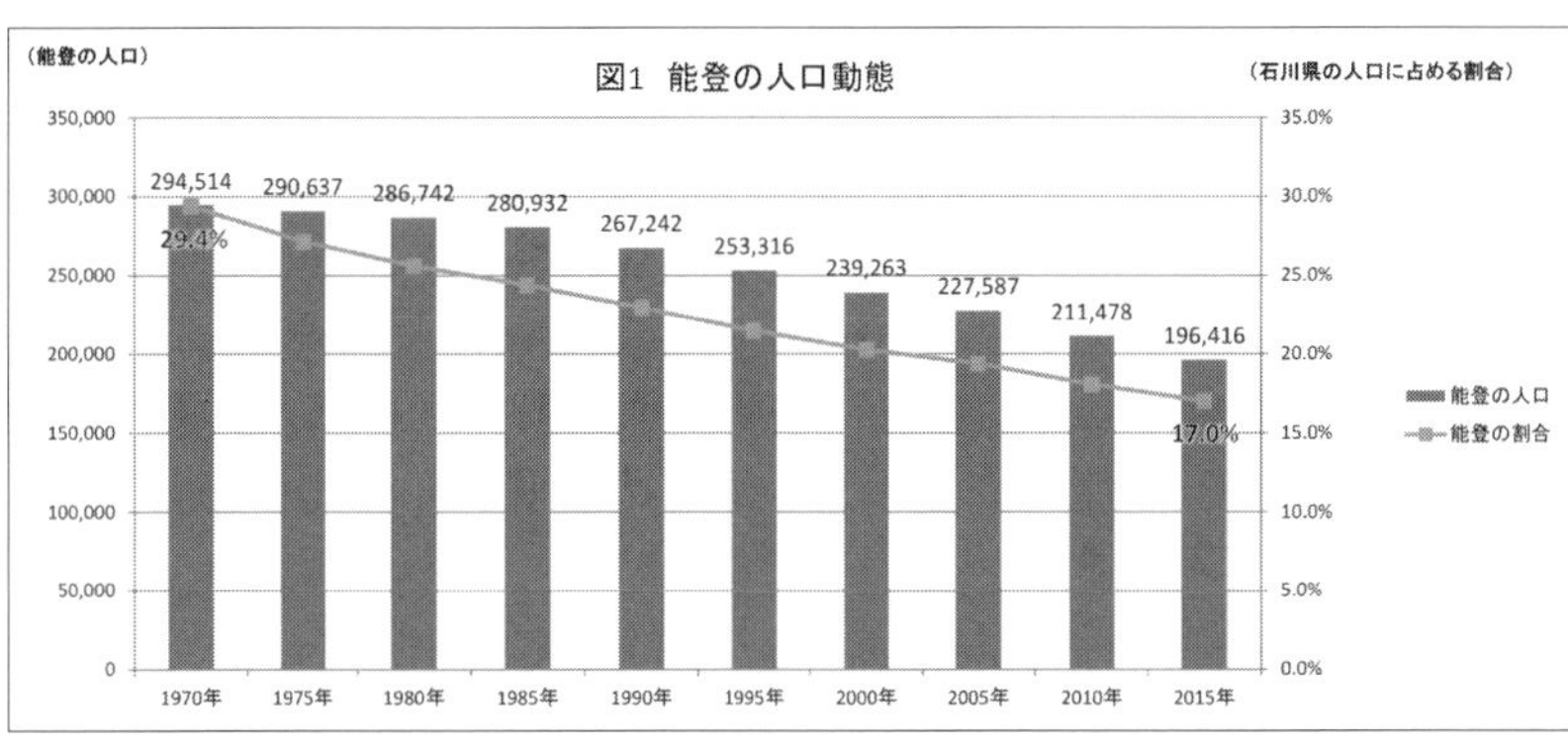

図1　能登の人口動態

ま一方で、それと能登の宗教・民俗に関わるこれまでの研究動向とがあまりに乖離していること、の二点であった。

まず先の点。能登半島の自治体は、いわゆる平成の大合併を経て、四市（奥能登側から珠洲・輪島・七尾・羽咋）および五町（同様の順序で、能登・穴水・志賀・中能登・宝達志水）に纏められた。これら九市町およびかつてそれに相当していた地区の人口を、国勢調査によって昭和四五年（一九七〇）まで遡って調べ、合計したのが図1である。折れ線グラフで石川県全体に対する能登全体の百分比も示した。

見られるように、平成二年（一九九〇）以前は国勢調査のある五年おきの減少が数千人であったが、それ以降は五年おきに一万人を超えて減少するようになり、回復のきざしが見られない。石川県の人口に占める能登の割合も、一九七〇年の二九・四%から二〇一五年の一七・〇%まで、一〇パーセント以上減っている。

このような人口減少とおそらく対応して、先に引用した駅ノートへの書き込みにも見られたように、国鉄から第三セクターのと鉄道に移管した鉄路のうち、穴水から輪島までの七尾線が平成一三年（二〇〇一）、同じく穴水から蛸島までののと線が平成一七年（二〇〇五）、いずれも今世紀に入って廃線となっている。(4)

こうした能登の変貌は住民にも多大な影響を与えていると考えられるが、宗教や民俗の研究においてこれらの問題が考察に入り込んでくることは、ほぼ無かった。どうしてそうだったのか、について次に見たい。

二　能登の宗教・民俗に関するこれまでの研究

まず、石川県内の代表的な民俗研究団体である加能民俗の会の設立は昭和一二年（一九三七）で、その時の名称は金沢民俗談話会であった。昭和一〇年（一九三五）の日本青年館での民俗学講習会を受けて、柳田國男の助言により県単位に結成された地方民俗研究組織の一であった。その初期の会報である『金沢民俗談話会報』には、会長であった長岡博男（一九〇七—七〇）らによる能登での民俗調査報告が見られる。[5] もっとも、それらは個々の会員による短い聞き書きに留まっていた。

長岡ら二〇世紀初頭生まれの世代による民俗学を志向する研究に先がけ、同会発足以前に刊行されていた能登エリアの郡誌や郷土教育の教科書において既に、各々の地で採集されたフォークロアについての報告や教材化がなされていた。本書では由谷裕哉（筆者）がそれについてかなり肯定的に論じているが、このような広義の郷土研究は、敗戦によって消滅を余儀なくされた。

敗戦後に能登全体としての宗教や民俗が改めて考究課題となったのは、昭和二七年（一九五二）から翌年にかけて行われた九学会連合による能登調査であろう。この調査に通底する姿勢は、能登全体を僻地視したうえで、複数文化の遺制が残存する吹き溜まりの地、かつ封鎖性の強い停滞した地と捉える見方ではないかと考えられる。[6] このような枠組の妥当性を問うこととは別に、少なくとも石川県在住の加能民俗の会会員が、能登全体を一貫して捉えるという問題枠組へと誘導されたことだけは確実であろう。[7]

とりわけ、九学会連合の能登調査に距離を置いていた小倉学（一九一二―二〇〇三）による能登での漂着神信仰や神社祭礼の研究は、個々の事例の個別性を超えた能登という共通性が念頭に置かれていたと考えられる。小倉は、昭和四三年（一九六八）に能登が国定公園に指定されるに先がけて石川県が行った総合調査の民俗班をとりまとめており、そこで小倉は、「能登は仏教とくに真宗王国といわれるくらい真宗信仰に篤い地帯であるが、その間に、古い真言宗をはじめ曹洞宗・日蓮宗等が介在しており、みな古来の風俗によく順応して破壊的でないのも能登的特徴の一である」と記し、続けて「これ、能登によく固有信仰が存する訳である」としている[8]。

小倉は漂着神についても昭和五八年（一九八三）に、「かような信仰行事、すなわち漂着伝説地に神輿が渡御して神祭行事を営むことは、古人が海の彼方にある神々の世界、祖霊の国、常世の国から期を定めて神迎えをした往昔を伝えたものと解すべきであろう」、と推論し、その議論の最後に「漂着神伝説はけっして珍奇な伝説ではない。日本人の固有信仰を具象的に伝えたものとして看過できないのである」と結論づけていた[9]。小倉の民俗学者としての膨大な業績には敬意を払うとしても、長い海岸線を有する能登半島をひとまとまりのフィールドと捉え、そこを固有信仰の残存する場と捉えようとする引用文のような彼の思考は、あまりにロマン主義的だったのではないだろうか。また、二一世紀の現時点から見れば、固有信仰が残存するフィールドのどこに意義があるのか、それは九学会連合能登調査のような僻地視（吹き溜まり、封鎖性、停滞した地）と同工異曲に過ぎなかったのでは、とも思える。

漂着神信仰といえば、同じ一九八〇年代の前後から考古学や古代史の領域で、環日本海文化交流や渡来文化への注目が流行し始めており、それが宗教や民俗事象の解釈にも影響を与えるようになった[10]。史実として能登半島と高句麗や渤海との交渉はあったのだろうが、その名残をことさら能登における祭礼の構成要素（祭具など）や寺社縁起の語句の一部に求めることに、積極的な意義があったのかどうか[11]。

少なくとも、上記のように能登で人口の持続的減少が顕著になり始めるころに隆盛していたのは、こうした漂着伝承への関心であったことは忘れないでおきたい。例えば、メディアによる民俗事象の表象について本稿で充分に議論できないものの、平成七年（一九九五）四月一六日にＮＨＫのシリーズ『ふるさとの伝承』で、「風の寄り神―奥能登の漂着神伝説」が放映されている。(12)

今一つ、能登をフィールドとする宗教や民俗の研究動向として重要なのは、必ずしも能登に限らないが、およそ高度経済成長期以降に市町村史が盛んに編纂されるようになったこと、それとおそらく関連して、民俗事象が文化財として位置づけられるようになったことであろう。この両者の相補的な関わり合いについて、少し長くなるが次に見たい。

三　市町村史における民俗の記述と民俗文化財の指定

敗戦後の昭和二五年（一九五〇）に成立した文化財保護法は、大正八年（一九一九）に施行された史蹟名勝天然紀念物法をはじめとする、戦前までの複数の法律を継承している。本書所収の由谷論文では、史蹟名勝天然紀念物法と能登における両大戦間を中心とした観光ブームとの関連を議論している箇所がある。

このように、戦前から後の文化財に相当する意匠に指定されることが、その場所もしくは事物への集客につながったことから、行政は一般的に文化財指定に積極的であった。(13)

民俗文化財　上記のように文化財保護法は、一九五〇年に戦前までの史蹟名勝天然紀念物法や国宝保存法などを合体させて成立した。民俗関連事象は「有形文化財」に含まれるとされたものの、実質的に指定の対象ではなかった。それに対して、文化財行政に携わっていた民俗学者・祝宮静（ほうりみやしず）や宮本馨太郎（けいたろう）らが尽力し、一九五四年に行われた文化財保護法の第一次改正において「民俗資料」なるカテゴリーが条文に付加されることになった⒁。その後、昭和五〇年（一九七五）における同法の第二次改正によって、「民俗資料」は「民俗文化財」と名称が改められ、さらに積極的な保護が要請されることになった。

また文化財保護法と直接の関連はないが、平成四年（一九九二）に成立した通称お祭り法、正式名称「地域伝統芸能等を活用した行事の実施による観光及び特定地域商工業の振興に関する法律」は、民俗芸能を観光資源として利用することを促進するものであった。

こうした民俗文化財に関わる行政の動向に対して、民俗学者は概ね否定的であった。その論点は、一つには無形の民俗文化財指定が不断に変化する民俗事象にそぐわないこと⒂、いま一つは、文化財視されるローカルな事物を、行政などが社会統合の為の新たな地域アイデンティティの拠り所としようとする動きへの警戒⒃、であろうか。ただ、後者については、特定の民俗文化財がローカルアイデンティティ創出と結びつくと想像するのは難しいように思え、行政のすることを闇雲に住民支配だと邪推して非難するように見えなくもない。

そもそも、能登では今世紀初頭に、いわゆる平成の大合併により元あった四市一五町村が現行の四市五町へと再編成された（表1）。前世紀末まで

旧市町村	旧郡	新市町村	現郡	合併年月
珠洲市		珠洲市		
内浦町	珠洲	能登町	鳳珠	2005.3
能都町	鳳至			
柳田村	鳳至			
輪島市		輪島市		2006.2
門前町	鳳至			
穴水町	鳳至	穴水町	鳳珠	
中島町	鹿島	七尾市		2004.10
田鶴浜町	鹿島			
能登島町	鹿島			
七尾市				
鳥屋町	鹿島	中能登町	鹿島	2005.3
鹿西町	鹿島			
鹿島町	鹿島			
羽咋市		羽咋市		
富来町	羽咋	志賀町	羽咋	2005.9
志賀町	羽咋			
志雄町	羽咋	宝達志水町		2005.3
押水町	羽咋			

表1　能登の市町村合併

の行政区画が残ったのは、表の上から珠洲市、穴水町（所属郡名は鳳至郡から鳳珠郡に改称）、羽咋市の三行政体のみという、激変であった。背景にはやはり、能登における持続的な人口減少が関わっていたと考えられるが、このように行政体の範囲が住民の便宜にお構いなく簡単に変えられてしまうのだから、地方行政による支配の為のローカルアイデンティティ創出論など絵空事にしか過ぎないであろう。しかも、能登に関わる宗教・民俗の先行研究において、こうした市町村合併との関わりの考察はほぼ見られない[17]。

能登における市町村史の民俗パートとその構成　そこでここでは、そうした民俗学者による文化財行政批判から離れた地点で、文化財指定と市町村史における民俗記述との関連を考えることにしたい。その前提として、能登エリアで刊行された市町村史民俗パートを位置づけることから始めたい。

表2は、文化財保護法に「民俗文化財」のカテゴリーが登場した一九七五年以降に能登エリアで刊行された主な市町村史の、民俗に関わる巻の情報を列挙したものである。表の「パート・章などのタイトル」の意味であるが、石川県内では『新修七尾市史』で初めて民俗編が登場したので、それ以前（前世紀）は表の「市町村史および巻名」列に書かれたタイトルの巻に、丸括弧を付した民俗関連のパートないし章が置かれた、ということである。

なお、この時期ではこの表の他に、金沢市や県外の専門家によらずに地元の執筆者を中心に出された町村史として、『輪島市史』（一九七六年）、『諸岡村史』（一九七七年）、『鳥屋町史』現代編（一九八九年）、『鹿西町史』（一九九一年）、『穴水町の集落誌』（一九九二年）などがある[18]。ただ、ここでは当該地でのオーソドックスな市町村史の記述を考察したいため、この五書は除外したく思う。ちなみに羽咋市の場合、『羽咋市史』現代編（一九七二年）の「通史編」第四章が「習俗の伝承と変遷」となっており、『新修羽咋市史』近現代通史編（二〇〇八年）では第二編「現代」の第五章が「羽咋の生業と民俗」となっている。後者の「民俗」は民具と船絵馬が主体であるので、これも以下言及しな

市町村史および巻名	刊行年	パート・章などのタイトル
『柳田村史』全1巻	1975	（民俗と文化）家と世間、消費生活と生活改善、言語文化
『富来町史』通史編	1977	（富来町の民俗）富来町の民俗概観、家をめぐる社会生活、人生儀礼、年中行事、口頭伝承と生活の知恵
『珠洲市史』第4巻・資料編 神社・製塩・民俗	1979	（民俗編）衣食住の変遷、人の一生と世間、歳時の習俗、民間信仰と知識、口承文芸と伝説、珠洲の方言
『石川県志賀町史』第4巻・資料編	1979	（民俗関係資料）志賀町の民俗概観、人生儀礼、社会生活の諸相、生業と衣食住、民間信仰と年中行事、ことばと生活の知恵
『能都町史』第1巻・資料編 自然・民俗・地誌	1980	（民俗の伝承と変遷）衣食住の変遷、人の一生と儀礼、年中行事と祭礼、民間信仰と知識、口頭伝承
『内浦町史』第2巻・資料編 近世・近現代・民俗	1982	（民俗編）衣食住の変遷、人の一生と儀礼、年中行事、民間信仰、口頭伝承、内浦町の方言
『能登島町史』資料編・第2巻	1983	（民俗編）島の社会伝承、島の経済伝承、島の儀礼伝承、島の信仰伝承、島の言語伝承
『鹿島町史』通史・民俗編	1985	（民俗編）社会生活の諸相、生産と生業、人の一生、年中行事と宗教生活、口頭伝承
『中島町史』資料編・上巻	1995	（民俗）社会生活と生業、人生儀礼、年中行事と信仰生活、口頭伝承
『新修七尾市史』民俗編	2003	七尾の民俗研究のあゆみ、漁村の民俗、山村の民俗、農村の民俗、町の民俗、民間知識・口頭伝承、人生儀礼、信仰と祭礼
『新修門前町史』民俗編	2005	門前町の民俗（序章）、ムラのいとなみ、働く人々の生活、祭り・仏事と年中行事、人生の儀礼について、感覚世界と言語世界

表2　能登の主な市町村史民俗関連巻、ないしパートの構成

いことにする。

以上を踏まえ、表の上から順に、これらの書籍で宗教に関係する民俗事象がどのような箇所で議論されたか、見てゆきたい。一番上の『柳田村史』のみ、宗教関連の内容が「民俗と文化」のパート（第四部）に含まれていないが、これは第五部が「教育と信仰生活」であり、その第三章が「社寺と信仰生活」となっているからである。

『富来町史』以降は、それぞれ表現が微妙に違うものの、人生儀礼、年中行事、民間信仰に関連する三つの項目で、宗教に関係する民俗事象が分かれて述べられていることが分かる。もっとも、『石川県志賀町史』は「民間信仰と年中行事」として両者が合体した構成となっており、『能登島町史』では人生儀礼と年中行事が

「島の儀礼伝承」、仏教民俗(19)を含む民間信仰が「島の信仰伝承」というように、こちらは異なる二分類となっている。また『新修七尾市史』は斬新な構成で、「人生儀礼」「信仰と祭礼」の他に、「町の民俗」に青柏祭など曳山や山車に関わる祭礼について述べられている。

以上のように個々の差異はあれ、宗教に関わる民俗事象を、人生儀礼、年中行事、民間信仰という三つの枠組で捉えようとしていると考えられる。これは戦前の柳田國男に遡るというより、むしろ上野和男・高桑守史・福田アジオ・宮田登（編）『民俗調査ハンドブック』（吉川弘文館、一九七四年）、および前者の編者にさらに野村純一が加わった『民俗研究ハンドブック』（同社、一九七八年）における対象区分に沿っているのではないだろうか。前者では一四の細部項目からなる「民俗調査の方法と基礎知識」のうち、7が「人生儀礼」で8が「信仰」とされ、8に「年中行事」が含まれる形であった。後者では一四の細部項目からなる「民俗学研究の諸分野」のうち8が「人生儀礼」、10が「民間信仰」、11が「年中行事」となっていた。因みに社会生活に関する問題は、能登の市町村史民俗パートの比較的初期のものでは触れられないか、人生儀礼と関連づけて参照される場合もあるが（『珠洲市史』『能都町史』『内浦町史』、表2参照）、上記の両ハンドブックとも「村落組織」「家族と親族」という項目が立てられていた。

つまり、宗教以外の分野も含めて、一九七〇年代後半以降に能登に関して刊行された市町村史の民俗パートは、このように『民俗調査ハンドブック』『民俗研究ハンドブック』的な対象の区分方法に依拠していると考えられる。このことの問題は種々あると思われるが、それを議論する前に、先にも触れていた文化財指定との関わりについてへと進みたい。

市町村史民俗パートの記述と文化財指定　まず、特定の民俗文化財が行政の期待する観光資源に進む可能性を獲得した近年の事件として、能登においてユネスコの三通りの無形文化遺産に指定された民俗事象について見ておく。

一つ目は平成二一年（二〇〇九）に「奥能登のあえのこと」が登録され、二つ目は平成二八年（二〇一六）に登録された「山・鉾・屋台行事」に、能登では「青柏祭の曳山行事」（七尾市）が含まれた。いま一つは平成三〇年（二〇一八）に登録された「来訪神：仮面・仮装の神々」に、「能登のアマメハギ」（輪島市、能登町）が含まれることになった。

これらのうち、あえのこと（アエノコト、と片仮名書きされることが多い）は昭和五一年（一九七六）に、アマメハギは昭和五四年（一九七九）に、青柏祭は昭和五八年（一九八三）に、それぞれ国指定重要無形民俗文化財に選ばれており、そのことがユネスコ無形文化遺産選出の前提となっていた。そこで以下、国指定後に刊行された場合を除いて（したがって、青柏祭は除外される[20]）、これらの民俗事象の位置する行政体（輪島市、能登町）の市町村史における無形民俗文化財指定前の記述について検討する。

なお、能登のその他の民俗文化財のうち祭礼としては、国指定無形民俗文化財に昭和五六年（一九八一）に指定された熊甲二十日祭の枠旗行事[21]（七尾市）、同じく平成一二年（二〇〇〇）に指定された羽咋市気多（けた）大社の鵜祭がある。後者については、本書収録の千場辰夫論文を参照されたい。その他、能登の数多くの夏季祭礼が、平成二七年（二〇一五）に一括して日本遺産「灯り舞う半島　能登　～熱狂のキリコ祭り～」に指定されているが、本稿では触れる余裕が無い。差し当たっては、石川県観光課が作成した「能登のキリコ祭り」ウエブサイトを参照されたい[22]。

アエノコト　国指定となった一九七六年以前に刊行された市町村史は、『柳田村史』と『輪島市史』（指定が五月で、こちらは一月刊）のみであった。後者は表2に掲げていない。

『柳田村史』は全六部のうち第四部が「民俗と文化」で、表2の通り「家と世間」「消費生活と生活改善」「言語文化」の三部構成となっていた。個々のサブ項目の執筆者は明記されていない。アエノコトについては、「家と世間」全五節中の第四節「年中行事」に二頁ほど概略が述べられるのみで、全体に淡泊な記載であった（八七九―八八〇頁）。執筆者は明記されていない。

『輪島市史』は、上記のように金沢の専門家を入れずに編纂された。「民俗誌」が「資料」の一とされていたが、その七つのサブ項目は、これまで見てきたような市町村史に一般的なものではなかった[23]。アエノコトは五つ目のサブ項目「年中行事」に、かなり詳細な調査報告が掲載されていた（六九一―六九八頁）。事例は「町野町東小学校下の農家」の由である。もっとも、末尾に「最近はいささか観光趣味に毒されて、真の古式を逸脱し、ショー化したものもあらわれたようである。警戒すべきであろう」、と執筆者（原田正彰）のコメントが付記されていた。原田はかなり早い時期から、アエノコトについて県内の学術誌に執筆していた[24]。

なお、国指定となって以降の刊行だが、『珠洲市史』第四巻では重要無形民俗文化財の解説も含め、分布の詳細、および個別の三軒での実施状況がかなり詳しく報告されている（一〇〇六―一〇二四頁）。もっとも、直接の関係がないと思われる牛の神についてエジプト、印度、中国の例が参照されるなど、空想に近い記述もある（一〇〇七頁）。執筆者は『輪島市史』と同じ原田正彰である。『能都町史』第一巻でも分布や各々の場所で実施している家の数を含めて、六軒の事例が報告されている（六四八―六五九頁）。執筆者は項目末尾に半部直三とある。『内浦町史』第二巻では、年中行事ではなく「民間信仰」項目の中に、国指定を受けたことと個別の一軒の執行が報告されているが、三頁の短い記載である（九五〇―九五二頁）。執筆は、これも原田正彰である。なお、ここでの事例は、九学会連合による能登調査の際に堀一郎が現地協力者と共に調査し、報告していた家と同じである[25]。

アマメハギ　ユネスコに登録された執行地は、輪島市の輪島崎町・河井町・五十州（いぎす）・皆月、能登町の秋吉、という計五箇所となっている。なお、輪島崎町と河井町の行事は、実質的に各々の地に立地する輪島崎神社と重蔵（じゅうぞう）神社の神事として執行されており、地元で現在も面様年頭と呼ばれている。これが文化財指定に際してアマメハギ執行例としてカウントされたのは、おそらく小倉学が昭和四二年（一九六七）に、輪島の二事例について以下のように述べたことに起因すると思われる。

神社に伝来する古面をつけたものが、氏子の町内を一軒のこらず祓えをして歩くのだが、神社の面が神聖視されていたところから「面様」とよばれる。その面様のまわるのが小正月なので、あたかも年始まわりのごとく見られるところから面様年頭の呼称が生じたのであろう。しかし古老の伝承によれば、往時はアマメハギとも呼ばれていたのである。(26)

かなり強引な議論であるが、この小倉論文で輪島崎と河井の面様年頭がアマメハギに含まれたことにより、結果的に両地での当該行事がユネスコの無形文化遺産に含まれることになったのである。この小倉論文によれば、元は輪島市の大野町、内浦町（現・能登町）の河ヶ谷、宮犬、清真という計四箇所でも行われていたらしい。

ともあれ、先に挙げた現存する五箇所の例のうち、五十州と皆月は旧・門前町であり、秋吉は旧・内浦町であった。したがって、アマメハギに関しても一九七九年の指定前に刊行された記述は、『輪島市史』のみになる。

もっとも、『輪島市史』では、「年中行事」項目の「厄よけ」の内容のごく一部として、河井町と輪島崎町の面様年頭が短く紹介されるのみであった（七〇〇―七〇一頁）。曰く、「古くから伝わる年明けの厄除け神事」「個人の厄除けでなく氏子各家の厄払いの行事」等など。執筆者は伊藤和吉であった。

国指定後の刊行分については、『内浦町史』第二巻では、節分のアマメハギについて短く紹介されている（九二四―九二六頁）。『新修門前町史』民俗編でも記載は二頁弱であるが、「アマメハギを行う異形の主人公は、折口信夫が客人神と名付けた異邦人であるが、よく見ると、先祖の姿である」（一六〇頁）との注目すべき記述が見られる。執筆者は西山郷史。

ともあれ、一九七九年の国指定に際しては、こうした市町村史の記述ではなく、アマメハギとして遠隔地の類似行事を結びつけた一九六七年の小倉論文が重要な根拠となったのではないかと考えられる。

小括　以上、市町村史の民俗パートにおける記述が民俗文化財の国指定に結びついた、という確たる証拠は見いだせなかった。むしろ、市町村史以外のメディアにおける小倉学と原田正彰の言説が、アマメハギとアエノコトの国指定に結びついたと推察される。

逆に、国指定の民俗文化財になったことによって供出された助成金により総合的な調査が行われ、それに基づく報告書が出された(27)。さらに、それを踏まえて市町村史で各々の民俗文化財が住民向けに周知された、という両者の相補的な関係は認められるだろう。

一方で、民俗文化財指定への要請かどうか判断できかねるものの、いまだ国指定の民俗文化財になっていない祭礼や芸能について比較的詳細な記載が見られる場合がある。『中島町史』資料編上巻における浜田八幡神社の納涼祭（同書七九一—七九二頁）や笠師の大祭（七九六—八〇一頁）、六保祭（八〇二—八〇四頁）など。『新修門前町史』における二月のゾンベラ祭りと万歳楽土（同書一六一—一六五頁）、写真に簡単な説明が付されたのみであるが道下や皆月、黒島の夏祭り（一六八—一七〇頁）、等など。このうち、皆月の山王祭りについては、既に別テーマ（メディア表象）に関して述べたし、黒島天領祭りは後に北前船寄港地に関わる日本遺産(28)に含まれることになった。

また、後にキリコ祭りの日本遺産に含まれることになった能登島向田の火祭りに関する『能登島町史』第二巻における記述も、かなり精緻なものであった（九五六—九六一頁）。

四　代案を求めて

以上、長々と能登の宗教・民俗に関する先行研究について概観してきた。市町村史以外で敗戦後に、能登における婚姻関連の分野で事例研究の蓄積がある、初婿入り（婿が初めて嫁の実家を訪れる際の儀礼[29]）や嫁の里帰り[30]について全く触れられなかったが、ここでは宗教寄りの民俗を対象とする研究に限定して、上記の代案となるような方向性を求めたい。

二で見た九学会連合による僻地視（ふきだまり、古い信仰や習俗が残存、封鎖性が強い、など）や、小倉学論文の一部にあった固有信仰を残す地という意味づけが、あえて人口減少地帯という問題を設定せずとも、もはや有効性を失ってしまったことは明白であろう。

次に、漂着文化論に関して。北前船など海を介した遠隔地相互の交流を歴史的に復元することは近年注目されており[31]、重要と思われる。しかし、そうした交流を現行の祭礼と無理に結びつけ、使われる祭具などの起源論とするような視角は戒められるべきであろう。儀礼における個々の構成要素の起源を求めることに何の意味も無いからであり、そもそも反証可能な仮説ではない。

むしろ、漂着文化論のように一方的に遠隔地から影響を受けるという捉え方ではなく、地域外との双方向的な交通・交流を考えることが先行研究の代案となるのではないか。筆者は一九三〇年代の郷土研究に関して、インフラストラクチャーとしての公共交通網が人の移動、それに伴う人口の増減などと結びつくことについて述べたことがあった[32]。

本書収録のうち、鏑木論文は石動山から出た山伏の金沢での宗教活動を扱っており、本林論文では口能登と旧鳳至郡の一部で見られるコンゴウ詣りの習俗を、氷見での執行と比較することが試みられている。

三では能登エリアの市町村史の民俗関連パートについて、ことに紙数を割いて検討してきた。これらを作り上げた労力と努力に筆者は敬意を表するし、有効な情報が掲載されていた市町村史も少なくなかったと思われる。しかしながら、これらはある行政体の範囲での全体像を求めた記述であるが、表1のようにその範囲は、珠洲市を除いて失われてしまった。したがって、表2における珠洲市以外の市町村史に記述された当該行政体としての特質や独自性などは、今や意味をなさないことになる。

また、文化財指定との関連については、アエノコトに関して表2では取り上げなかった『輪島市史』で比較的詳細な記載があることを除けば、とくに重文指定に貢献した市町村史は無かったものと考えられる。逆に、重文あるいはその上の世界遺産に指定されたことによって、後出の市町村史や個々の文化財の報告書が追随することになった。

さらに、先にも見たようにこれら市町村史の民俗記述は、他行政体と比較する機会がほぼ無いにも拘わらず、他と比較可能であることを期待された『民俗調査ハンドブック』『民俗研究ハンドブック』に代表されるような、対象の分類法に沿って記述されてきた。この点については三で検討を留保していたので、以下少し考察を加えておきたい。

例えば、志賀町の一部で見られる盆の精霊迎えに際して柱松明を立てて火を灯すような儀礼（写真1―3）について、当該地の宗派分布の主体と考えられる真宗門徒の死生観とどう関わるのか、といった問を、『志賀町史』はもとより、ほぼ誰も問題視して来なかった[33]。真宗では死んだら浄土に往生するはずなのに、なぜ盆に精霊として戻ると考えられるのか、という疑問である。場所によってオショウライモリなどと呼ばれる柱松明を建造し、それに点火する主体が小児たちであるため、執行者の死生観が問われなかった、と考えるべきなのだろうか。

おそらくそうではなく、盆に柱松明を立てて火を灯すのが年中行事（儀礼伝承）に分類されるのに対し、真宗門徒の死生観は民間信仰（信仰伝承）に含まれると考えられたのではないか。もっとも、真宗門徒の死生観そのものが、いわゆる仏教民俗（真宗民俗）の先行研究で取り上げられてこなかったとは思えるが、いずれにしても調査者は年中行事（儀礼伝承）と民間信仰（信仰伝承）とを分けて考えており、両者の相互関係が問われなかったからではないか。『民俗調査ハンドブック』などの項目立てのように、離れた地域相互の比較対照のために宗教事象を縦割りにして理解する、という方法論によって、個別の宗教事象に内在的な相関、ここでは儀礼とそれを続ける宗教的意味付けとの関連性が見えなくなってしまうのである。これは、言語学や文化人類学でいうエティック（音声学phoneticsに由来し、比較可能な視点）とイーミック（音韻論phonemicsに由来し、文化内在的な視点）との対立図式[34]における、エティックな方法論の限界であろう。それに対して本書では、由谷論文が戦前の郷土研究におけるイーミックな志向性につい

写真１　志賀町赤住の柱松明

写真２　志賀町米浜の柱松明

写真３　志賀町上野の柱松明

て考察を加えている。

市町村史に関してもう一点留意すべきこととして、能登における市町村史の民俗関連パートが、次第に仏教民俗について注目するようになったことを先に見た。その関心の中心は真宗門徒と民俗事象との関わりであったが、能登全体が真宗地帯であるかのように理解してしまうことは事実と異なっている。本書所収の由谷論文でも述べているように、戦前の郷土教育読本では鹿島郡の石動山（真言）、羽咋郡の妙成寺（日蓮）と豊財院（曹洞）、珠洲郡の法住寺（真言）、鳳至郡の總持寺（曹洞）をとりあげていた。

これらのうち石動山については、筆者の旧著『白山・石動修験の宗教民俗学的研究』（岩田書院、一九九四年）以降も、宗教分野に関わる研究がいくつか出されている[35]。法住寺については史料調査が近年行われており[36]、近隣に位置する輪島市町野付近の「町野結衆」と呼ばれる真言宗檀家の習俗についても、重厚な報告書が出されている[37]。妙成寺については文化財の総合調査[38]が、總持寺（現・總持寺祖院）についても史料調査とそれに基づく研究[39]がなされている。戦前の郷土教育読本では触れられなかったが、羽咋市の曹洞宗永光寺についても史料調査の報告書が出されている[40]。永光寺は、曹洞宗で「太祖大師」と敬称される瑩山紹瑾が住持をした時期に、『洞谷記』を執筆したとされる寺院であった。

本書では本林論文が対象とするコンゴウ詣りが、真宗寄りではあるが仏教民俗に関係する専論となっている。他にも鏑木論文では、石動山に関係していた山伏の宗教活動が触れられている。ともあれ、能登の仏教イコール真宗と見るような枠組は避けられるべきであることを、改めて強調しておきたい。

もう一点。民俗学は日本における創始者柳田國男の真意がそうだったかは別にして、少なくとも戦後は失われゆく民俗事象の記録と記述を主目的としていた。文化財行政も文化財（文化遺産）に認定された事物の保存が主目的であり、この意味で戦後民俗学と文化財行政は手を携える共通の方向性があったことになる。

しかし、交通・交流という観点に立つ限り、失われゆくものを記録し保存することではなく、交流によって何が生成してゆく（emergent）か、に関心を持つべきではないだろうか[41]。漂着文化論にしても、漂着してきた元の文化要素の起源に遡及するのではなく、ハイブリッドな形で新たに生成した形態に注目すべきであった。

本書では、干場論文で鵜祭における年占の要素がどのように形成されたかが議論されている。他の三論文にも、何らかの形でこうした生成（emergence）という視点が含まれている。

もちろん、本書で充分に議論できていないテーマも少なくない。既に見てきた人口減[42]、平成の大合併[43]の他にも、九学会連合能登調査の後も続けられてきた能登での社会学的な調査研究とその評価[44]、平成一九年（二〇〇七）三月二五日に起こった能登地震の影響[45]、富山湾と能登半島との関わり[46]（能登はもともと越中国に含まれていた）、等など。

とはいえ、ここまで議論してきたように、以下四つのポイントを本書における代案として提示したい。

①（漂着文化論のような他所からの一方的な影響ではなく）交通・交流

②（エティックに比較可能な枠組に捕らわれない）イーミックな志向

③（真宗以外を含む）仏教文化

④（起源の探求や消滅する民俗の記録ではなく）生成することへの注目

この四つの中でも、とくに④に注目して読んでいただきたいという意図から、本のタイトルを『能登の宗教・民俗の生成』とすることにした。

五　本書収録論文について

本書に含まれる四本の論文は、時代順に並べられている。もっとも、本林論文と干場論文は一般的な民俗事象を対象にしているため、この二本に関してはその前後にとくに意味はない。

鏑木論文は、近世に石動山を離山して金沢郊外の金石で里修験となった山伏を対象としている。四本のうち唯一近世に関わるので、最初に置いた。先のポイントでは、①③に関わる。

由谷論文は、日露戦後から一九三〇年代までに能登に関して著された郷土研究のうち、宗教と民俗に関する言説を考察している。およそ明治以降昭和初期までということで、二番目に置いた。上記のように②を求めることが主体だが、郷土研究の記述に関係して③も触れられる。

本林論文は、口能登および富山県の氷見市で見られる、嫁が親の死去後に実家の檀那寺で行われる「コンゴウ」の名を持つ法要に参加する習俗について、先行研究を踏まえながらその代案を求めている。仏教に関するという点では③、拡がりのある地域の現象という点では①、真宗を中心とした寺院で行われるものの、婚姻や嫁の実家との関わりという社会関係とも関わるという点では②も含まれる。

干場論文は、民俗文化財として知られる気多大社（羽咋市）の鵜祭に関して、それを年占と位置づける観点がどのように登場したかを、詳細に追跡している。先のポイントでは④が主に扱われることになる。

以上、本書は小著ではあるが、能登の宗教と民俗に関するこれまでの捉え方の代案を求めようとするものとなっている。

（由谷　裕哉）

注

(1) 大石玄「アニメ《舞台探訪》成立史―いわゆる《聖地巡礼》の起源について―」（『釧路工業高等専門学校紀要』四五、二〇一一年）。

(2) 由谷裕哉「能登に新しく生成した聖地・西岸」（『北陸の民俗』三一、二〇一四）、同「聖地西岸―城端間を回遊する巡礼者について」（『加能民俗研究』四五、二〇一四年）、同「湯涌ぼんぼり祭りに関する巡礼者の言説を巡って」（『宗教民俗研究』二三、二〇一三年）。

(3) 由谷裕哉「西岸が能登の新たな聖地となるまで―のと鉄道西岸駅の『駅ノート』記帳から―」（『地方史研究』三六四、二〇一三年）。

(4) 寺田裕一『新 消えた轍―ローカル私鉄廃線跡探訪― 7北陸』（ネコ・パブリッシング、二〇一〇年）八―一九頁、参照。

(5) 左伝豊一「奥能登の正月行事」（『金沢民俗談話会報』一二、一九三九年）、南栄三「能登の子供唄」（同上誌一三、一九三九年）、近彌二郎「『おくまかぶと』の廿日祭」（同上誌一五、一九四〇年）、長岡博男「氣多の鵜祭」（同上誌同上号）、出口兼一「めんさまねんとう」（同上誌一六、一九四〇年）、南栄三「石動山豆手帖」（同上誌同上号）、長岡博男「能登の子供唄」（同上誌同上号）、南栄三「南大呑村雑記（一）」（同上誌一七、一九四〇年）、出口兼一「輪島崎の恵比寿講神事」（同上誌一八、一九四一年）、南栄三「石動山豆手帖（続）」（同上誌同号）、など。

(6) 公式報告書は、『能登―自然・文化・社会―』（平凡社、一九五五年）。その前段階的な報告が掲載されているのが、『人類科学』第六号（中山書店、一九五四年）および同誌第七号（同上、一九五五年）であった。この他、一九五二年末に熱海で行われた初年度調査に関する座談会記録が、『能登の実態』（勁草書房、一九五四年）、九学会連合とは直接関係が無いものの、能登調査の主力メンバーであった池上広正と宮本常一が編纂に加わった『岩波写真文庫　能登』（岩波書店、一九五四年）、も関連出版物である。例えば『岩波写真文庫　能登』には、「一度入ったものが、再び外に出ずに堆積してゆく「ふきだまり」」「古い信仰や習俗が、生活の一部として保存されている」（同書三頁）といった表現が見られる。

(7) 由谷裕哉「九学会連合能登調査と加能民俗の会」（『加能民俗研究』四二、二〇一一年）。

（8）『能登半島学術調査書』（石川県、一九六五年）、四七二頁。第七部「能登の民俗」は、「祭礼と神事」「年中行事」「生活習俗」「特殊習俗」「伝説と民話」「芸能と民謡」という六部構成であった。このうち「特殊習俗」で石動山が三頁ほど言及されるものの、いわゆる仏教民俗は全くとりあげられなかった。同報告書のこの点だけに注視すれば、森岡清美による真宗門徒の社会学的考察が含まれた九学会連合『能登』（前掲注6）から大幅に後退したことになる。

（9）小倉学「漂着神」（初出一九八三年、『加賀・能登の民俗　小倉学著作集第三巻　信仰と民俗』瑞木書房、二〇〇五年）、一四六頁（著作集版）。

（10）例えば、『歴史手帖　特集・能登地方の渡来文化』一一―五（名著出版、一九八三年）、『日本海と北国文化（海と列島文化第一巻）』（小学館、一九九〇年）、『能登のくに―半島の民俗と歴史』（北國新聞社、二〇〇三年）。これらのうち比較的近年の『能登のくに』には後半に、平成九年（一九九七）一一月のシンポジウム「海を結ぶ文化」、および平成一二年（二〇〇〇）八月のシンポジウム「キリコ祭り日韓合同調査成果報告会」、各々の記録が収録されていた。

（11）例えば、平成元年（一九八九）九月に鳳至郡門前町（現・輪島市）の諸岡公民館で開かれた「第二回石川県民俗文化会議」で、加能民俗の会および現地の研究者によるシンポジウム「ふるさと文化を考える」が催された時のことであった。基調講演は佃和雄「精霊行事の復元について」で、パネリスト五人の発題はゾンベラ祭り、アマメハギ、当地の産育習俗、焼畑関連の野菜（カブラなど）に関するものであった。ところが、討議でそれまでの発題とほぼ無関係に、「門前町の文化について、朝鮮半島の文化との関わりを深く検討することが肝要である」という意見が出され、フロアで拝聴していた筆者は驚倒した。このシンポジウムについては上記の発言も含め、『加能民俗』一二八（一九九〇年）の一―五頁を参照。

（12）同番組については、川村清志「フォークロリズムとメディア表象―石川県門前町皆月の山王祭りを事例として―」（『日本民俗学』二三六、二〇〇三年）、参照。同論文は、掲載誌の特集「フォークロリズム」に即してメディアによる民俗の表象をフォークロリズムと捉え、『ふるさとの伝承』当該回と現地の意味づけ例として地元住民が立ち上げたウエブサイトとを、比較していた。本稿の関心は、川村論文のような住民による祭礼の意味づけより、むしろ民俗学者による意味づけが住民にどのように影響を与え、現地におけるコンセンサスの一端を形成していったか、という点にある。

（13）富山県高岡市の御車山が、文化財保護法の一九五四年改正によって付加された「民俗資料」に指定される経緯について、行政側の対応などを述べた拙稿として次のものがある。由谷裕哉「文化財指定と祭礼の復活―二上射水神社築山行事の場合―」(『二上山研究』四、二〇〇七年)。

(14) 祝宮静『民俗資料入門』(岩崎美術社、一九七一年)、一五七―一六二頁、参照。

(15) 例えば、才津祐美子「『民俗文化財』創出のディスクール」(『待兼山論叢』三〇、一九九六年)、岩本通弥「『民俗』を対象とするから民俗学なのか」(『日本民俗学』二一五、一九九八年)、参照。

(16) 岩本通弥「フォークロリズムと文化ナショナリズム」(『日本民俗学』二三六、二〇〇三年)。

(17) 村落社会学からの検討は見られる。佐藤真弓「市町村合併による市町村農政の変化と地域農業への影響：石川県奥能登中山間地域の事例」(『村落社会研究』四九、二〇一三年)。

(18) 諸岡村は当時は鳳至郡門前町、現在は輪島市に含まれ、鳥屋町と鹿西町は当時は鹿島郡の町、現在は同郡中能登町に含まれている。これらについては、表1も参照されたい。なお、『穴水町の集落誌』には当地の獅子舞について比較的詳しい記載がある。

(19) 『能登島町史』資料編第二巻では、「民俗編」第四章「島の信仰伝承」の第二節が「真宗門徒の信仰」となっており、比較的詳しい論述がなされている(九六七―九七五頁、執筆は西山郷史)。それを遡る『珠洲市史』でも講行事、涅槃会のような法会や蓮如忌(九五三―九六〇頁、執筆は今村充夫)、『能都町史』では講行事(六五九―六六九頁、執筆は半部直三)や仏菩薩への祈願(六八四―六八七頁、同上)などが、『内浦町史』でも講や法会、蓮如忌(九二六―九二九頁、執筆は今村充夫)が、それぞれ短いながら記載されていた。このことから、『珠洲市史』以降は一九六〇年代の『能登半島学術調査書』(前掲注8)において仏教民俗が等閑視されていたことと袂を分かち、『能登島町史』で初めて本格的に仏教民俗(真宗民俗)が記述されたことになる。

(20) 国指定後の『新修七尾市史』民俗編には、二九〇―三〇三頁に青柏祭に関する詳細な記載がある。指定以前に刊行された『七尾市史』資料編第六巻(同市、一九七二年)でも、四一三―四五六頁に「青柏祭関係史料」として、近世から明治期までの史料が翻刻されていた。また、本書所収の由谷論文では、明治四二年(一九〇九)の東宮嘉仁親王の能登行啓に際して青柏祭の曳山が台覧となったこと、それによって七尾に関する郷土研究において青柏祭が注目されてきたことが述べられている。

(21)『お熊甲祭　国指定重要無形民俗文化財熊甲二十日祭の枠旗行事』(中島町教育委員会、一九八四年)、参照。

(22) https://www.hot-ishikawa.jp/kiriko/jp/index.php (二〇二一年三月一〇日最終確認)

(23)「民俗誌」の七つのサブ項目は、以下の通り。輪島市立民俗資料館、名跡、家と社会、伝説、年中行事、祭礼と芸能、遊びと歌。この七項目の前の「小序」において代表者の若林喜三郎が、このような構成にせざるを得なくなった事情を説明している。

(24) 原田正彰「アエノコト」(『能登の文化財』五、一九六八年)。特集「柳田の民俗」の一環であり、同村(現・能登町)字国光の一軒における執行を、見事な写真(萩原秀三郎)と共に紹介していた。『柳田村史』は原田が編集委員長だったらしいのに、なぜこれを転記しなかったのだろうか。

(25) 堀一郎「奥能登の農耕儀礼について」(『人類科学』七、一九五四年)。その同題の拡充版が、『新嘗の研究』二(吉川弘文館、一九五五年)に収録。堀が現地協力者の氏名表記などを誤記していたことについて、由谷「九学会連合能登調査と加能民俗の会」(前掲注7)の九四頁で述べたことがある。

(26) 小倉学「アマメハギ」(初出一九六七年、小倉『信仰と民俗』岩崎美術社、一九八二年)。引用文は『信仰と民俗』四二頁。当該論文は、アマメハギの国指定後に編纂された『輪島の面様年頭　重要無形民俗文化財』(輪島市教育委員会、一九八三年)にも再録されている。このことから、国指定に際して小倉論文が参照されたと推察することは許されるであろう。

(27) 奥能登のあえのこと保存記録委員会(編)『奥能登のあえのこと:重要無形民俗文化財』(奥能登のあえのこと保存会、一九七八年)、内浦町アマメハギ編集委員会(編)『内浦町のアマメハギ　重要無形民俗文化財』(内浦町教育委員会、一九八二年)、『輪島の面様年頭』(前掲注24)、参照。

(28) 宗教や民俗と直接繋がらないので本文では触れなかったが、平成二九年(二〇一七)に制定された日本遺産「荒波を越えた男たちの夢が紡いだ異空間~北前船寄港地・船主集落~」に、輪島市域で八件(黒島地区伝統的建造物群保存地区、旧角海家住宅、黒島天領祭、北前船絵馬群、イナウ奉納額、住吉神社石造鳥居、日和山の方角石、能登のまだら)が、志賀町域で七件(旧福浦灯台、日和山、方角石〈石造方位盤〉、北前船関連資料群、奉納船絵馬群、めぐり〈繋船孔〉、福浦祭り）が、それぞれ含まれている。

(29) 今村充夫「石川県旧押野村に於けるウチアゲに就いて―初聟入と婚約方式との相関―」（『日本民俗学』五―一、一九五七年）、大間知篤三「加越能における聟入」（『加能民俗』四―七、一九五八年）、今村充夫「ウチアゲ」（井之口章次〈編〉『講座日本の民俗三　人生儀礼』有精堂出版、一九七八年）、天野武「嫁入り婚における初婿入の意義」（『民俗学論叢』一、一九七九年）、同「初婿入の変遷とその意義」（『家族史研究』七、一九八三年）、など。

(30) 大間知篤三「フリヤの難題」（『加能民俗』二、一九五〇年）、平山敏治郎「ヒヲトル嫁」（『加能民俗』四、一九五〇年）、瀬川清子「嫁の里がえり」（『日本民俗学』一、一九五三年）、天野武「能登島半浦のヒヲトル嫁」（竹田旦〈編著〉『民俗学の進展と課題』（国書刊行会、一九九〇年）、同「ハンガカの習俗」（『加能民俗研究』二三、一九九二年）、蓼沼康子「日本海沿岸地域における婚出女性の娘としての意味」（『城西大学女子短期大学部紀要』一一―一、一九九四年）、同「能登半島における嫁の里帰り慣行」（『城西大学女子短期大学部紀要』一三―一、一九九六年）、など。因みに、天野武は主婦権の確立という観点から、蓼沼康子は母と娘との関係という観点から、この問題を捉えている。

(31) 例えば、次を参照。松山充宏「日本海と北前交易」（秋道智彌・中井精一〈編〉『富山湾　豊かな自然と人びとの営み』桂書房、二〇二〇年）。

(32) 由谷裕哉「小田内通敏の郷土研究の再検討：『綜合郷土研究　茨城県』に注目して」（『京都民俗』三五、二〇一七年）。

(33) 前掲注7拙稿「九学会連合能登調査と加能民俗の会」の八五頁および九六頁において、志賀町における八月一三日の精霊迎えに関しての、長岡博男の論考および『志賀町史』資料編第四巻の記述を比較していた。このうち長岡博男「盆の火祭り」（高堀勝喜〈編〉『石川県羽咋郡旧福野潟周辺綜合調査報告書』石川考古学研究会、一九五五年）では、論の末尾に「念仏の宗教への習合以前の多くの要素を保持している」（同報告書一七三頁）という指摘があることは注目される。ただ、考察はそうした習合以前の事象の残存、という解釈で止まっており、それが真宗の信仰とハイブリッドに混ざり合って何かが生成したのかどうか、は問われないままであった。『志賀町史』でも当該行事と真宗門徒との関係は問われていないが、上野をはじめとするこの行事が、元は子ども行事ではなかったとする注目すべき推定がなされている（同巻九六一―九六二頁）。それが正しいとすれば、なおさらこの行事が当該地で伝承していることと真宗門徒の死生観との関係が問われるべきであろう。

(34) Pike, Kenneth Lee, ed., Language in Relation to a Unified Theory of Structure of Human Behavior (2nd ed.), The Hague, 1967.

(35) 北原裕全「石動山天平寺の年中行事」(『北陸宗教文化』一八、二〇〇六年)、嶺岡美見「能登石動山の宝池院―緡とのこと」(『御影史学論集』三五、二〇一〇年)、由谷裕哉「里山と近世修験道―白山加賀側と石動山の例から―」(『山岳修験』五七、二〇一六年)、奥田直文「石動山・二上山の神職集団について」(『加賀藩研究』八、二〇一八年)、同「近世前期における石動山の山伏支配について」(『加賀藩研究』九、二〇一九年)。

(36) 珠洲市教育委員会文化財課(編)『法住寺史料調査報告書』(珠洲市教育委員会、一九九九年)。法住寺が立地していた中世荘園である若山荘については、『能登最大の中世荘園　若山荘を歩く』(石川県立歴史博物館、二〇〇〇年)、参照。

(37) 畠山聡(編)『奥能登における真言宗寺院の年中行事を中心とした民俗調査 ― 町野結衆寺院を事例として―』(神奈川大学日本常民文化研究所、二〇一五年)。なお、書名に「民俗調査」とあるが、一般の民俗研究で含意されるようなフィールドにおける話者への聞き取りという意味ではなく、文書に主に依拠しながら法会の全体像を再構成してゆくことを、そう呼んでいると考えられる。

(38) 妙成寺文化財調査委員会・北国総合研究所(編)『妙成寺文化財総合調査報告書』(日蓮宗本山金榮山妙成寺、二〇二〇年)。次も参照。羽咋市教育委員会文化財室(編)『妙成寺史料調査報告書』(羽咋市教育委員会、二〇〇三年)。

(39) 圭室文雄『總持寺祖院古文書を読み解く―近世曹洞宗教団の展開―』(曹洞宗宗務庁、二〇〇八年)。

(40) 羽咋市教育委員会文化財室(編)『永光寺史料調査報告書』(羽咋市教育委員会、二〇〇〇年)。次も参照。『永光寺の名宝』(石川県立歴史博物館、一九九八年)、五老峯永光寺復興奉賛会(編)『図説永光寺ものがたり　歴史と文化財』(永光寺、二〇〇二年)。

(41) 文化人類学を歴史学の観点から批判的に位置づけるJ・クリフォード(Clifford, James)は、根(roots)のように植物の隠喩で示される固有の(native)文化が土地毎にあると考え、それが産業化によって差異を失い均質化してゆくことを嘆く、といった立場を非難する。そうではなく、文化や伝統を生成するもの(emergent)と捉えるべきだ、と彼は主張している。その背景には、人びとの地球規模での移動がある。太田好信ほか訳『文化の窮状』（人文書院、二〇〇三年）、毛利嘉孝ほか訳『ルーツ』（月曜社、二〇〇二年）、参照。

（42）次の論考では、七尾の青柏祭と同じくユネスコ文化遺産に指定された曳山行事の執行と、人口減との関わりが触れられている。安カ川恵子「城端曳山祭―男たちの熱い想い」（阿南透・藤本武〈編〉『富山の祭り―町・人・季節輝く』桂書房、二〇一八年）。『新修七尾市史』民俗編の「町の民俗」における青柏祭の記載において、こうした現在の執行における苦労が全く触れられていないのと好対照であろう。なお、民俗研究以外の人文系諸学では、能登を「人口減少地帯」と捉えることが行われている。筆者（由谷）も参加した次の科研費報告書を参照。浅見洋『人口減少地帯における死生観とケアニーズの実態と変容に関する研究』（二〇〇七―二〇一〇年度科学研究費補助金〈基盤研究（B）〉研究成果報告書、二〇一一年）。同研究は、奥能登（ここでは珠洲市と能登町）で人口減少に加えて高齢化率が急激に高まりつつあることを起点としていた（同報告書九頁）。さらに、社会学者や宗教学者の間で近年、寺社を人口減少地域におけるソーシャル・キャピタルとして見直そうとする研究も出始めているが、本書ではそこまで触れられなかった。例えば、大谷栄一・藤本頼生（編著）『地域社会をつくる宗教』（明石書店、二〇一二年）、参照。

（43）民俗学からは、『日本民俗学』誌が第二四五号（二〇〇六年二月）で「特集　市町村合併と民俗」を組み、六論文を収めた他、小島孝夫（編著）『平成の大合併と地域社会のくらし　―関係性の民俗学』（明石書店、二〇一五年）が刊行された。両者に収められた諸論文の評価については別の機会を俟ちたいが、とくに後者でとりあげられている事例のうち少なからぬ被合併町村において、人口減少と少子高齢化が課題だと明記されていることに注目したい。反対に、後者の中で合併を拒否した事例では、人口が増えているらしい（八木橋伸浩「合併拒否の選択肢とその背景―長野県上伊那地方を事例として」）。これらの点は、民俗学的な能登研究において対象とする事例地域の人口減を直視しない傾向が見られることと、好対照であろう。

（44）九学会連合能登調査に参加した社会学者の著作としては、森岡清美『真宗教団と「家」制度』（創文社、一九六二年）、同『真宗教団における家の構造』（御茶の水書房、一九七八年、増補版二〇〇五年）、中野卓『鰤網の村の四〇〇年―能登灘浦の社会学的研究―』（刀水書房、一九九六年）。この他、昭和五二年（一九七七）に策定された三全総の「モデル定住圏」

の一つに「能登中部」が指定されたことを踏まえ、能登島大橋が架橋された昭和五七年（一九八二）以降の能登島を総合的に調査研究した論集として、橋本和幸ほか（編）『「定住」の社会学的研究』（多賀出版、一九八八年）。もっとも、同書の第七章「村落の支配構造の分析」（橋本和幸執筆）は、『能登島町史』第二巻の「民俗編」第四章「民間信仰の諸相」で、門徒のいわば連帯感を前提に議論が進められるのと好対照であろう。また、志賀町の一村落を事例として親分子分関係を調査分析した論文が含まれるものとして、曽我猛『農村における擬制的親子関係　法社会学的研究』（御茶の水書房、一九九二年）、同じく志賀町の真宗を中心とした講組織に関する論文が含まれる、宇治伸『宗教的「講」と村落社会構造』（令文社、一九九六年）、等など。これらのうち、とくに森岡清美および宇治伸の著作は、真宗門徒の宗教生活を彼らの社会的な局面（講組、門徒としての手次寺との関わり、など）との関わりで考察しようとしているが、対して戦後の民俗学における『民俗調査ハンドブック』のような縦割りの枠組では、それらを「村落生活」と「信仰」といった別々の下部項目で調査分析することが求められており、相関するものとして考察することは不可能であろう。

(45) 七尾市教育委員会文化財課（編）『史跡七尾城跡石垣修復事業報告書：能登半島地震に係る災害復旧事業』（七尾市教育委員会、二〇〇九年）、金沢大学能登半島地震学術調査部会（編）『安心して住み続けられる地域を創る：金沢大学能登半島地震学術調査部会報告書』（金沢大学、二〇一〇年）、同会（編）『能登半島地震から学ぶ』（金沢大学、二〇一一年）、ほか。また石川考古学研究会は、能登半島地震により高爪山（輪島市、志賀町）の山頂に鎮座していた高爪神社奥宮が倒壊状態になり、奥宮の創建事情や周辺の古墳に関する問い合わせが少なくなかったことから、当地の総合調査を実施した。その報告書は、石川考古学研究会（編）『能登高爪山―高爪山山頂山麓遺跡群総合調査報告書』（同会、二〇一四年）。対して加能民俗の会は、会員の関心や会員数減少、あるいは対象である民俗事象の制約があったかもしれないが、能登半島地震に対してこのように積極的な対応をとることができなかった。

(46) 次の論考における「日本海学」の提唱が、あるいは参考になるかもしれない。秋道智彌「序章　日本海学の視座と富山湾」（前掲注31『富山湾　豊かな自然と人びとの営み』）。

能登国石動山大蔵坊の里修験
―加賀国宝光院（延寿寺）の事跡から―

鏑木　紀彦

一　はじめに

能登半島の基部、石川県と富山県の県境に位置する標高五六五メートルの石動山（せきどうさん）は、古来、山岳信仰の霊山として崇（あが）められ、北陸における有力な寺社勢力として栄えた。山上には、延喜式内社で能登の二宮でもある伊須流岐比古（いするぎひこ）神社が鎮座する。最盛期の中世には、大宮坊を中心に院坊約三六〇、衆徒（しゅうと）（僧）約三千人を擁したと伝えられ、いするぎ法師として諸国に名をとどろかせた。

戦国期には、能登守護畠山氏や越後の上杉謙信といった世俗権力者との関係を深め、戦乱に巻き込まれていく。天正五年（一五七七）に謙信の攻略により能登七尾城が落城し畠山氏が滅亡すると、石動山は謙信より新たに領地を与えられた。しかし、謙信撤退後、織田信長勢力が能登に及び、石動山は謙信から拝領した領地を没収されてしまう。石動山内に反信長勢力が生じる中、同十年（一五八二）六月に本能寺の変が起こった。これを好機とみた上杉方や畠山田臣らは、衆徒たちと石動山に立て籠り反乱を企てたが、信長方の前田利家・佐久間盛政らに攻められ、全山が灰燼に帰した。世にいう荒山合戦（石動山合戦）である。戦に敗れた衆徒たちは、峰続きの伊掛山（現七尾市）に避難することとなり、前田氏の意向に沿った者が石動山の指導者的地位にある大宮坊の別当となった。

翌同十一年（一五八三）に正親町天皇より石動山再造を命じる綸旨が出されたが、実現せず、慶長二年（一五九七）に至り、利家は伊掛山に避難していた衆徒たちが石動山に戻ることを許可した。実に十五年ぶりの帰山である。この時に石動山に戻った七十六の院坊の中に、大蔵坊の名が見える。

しかし同八年（一六〇三）、大蔵坊の一部衆徒たちは、山を離れ加賀国宮腰（現金沢市金石）に定住し、里修験（里山伏）となった。離山した大蔵坊は、宝光院（放光院）という修験寺院（修験道場）を建立し、江戸時代中期の七代辨学の時に延寿寺と改称する。さらに明治元年（一八六八）の神仏分離令の際、九代宣学は、復飾して神職となり、延寿寺は金刀比羅神社と改められた。同社は現在も修験的性格をもち、特に大蔵坊が石動山で修得した方除けの祈祷は効験あらたかとして、これを望む崇敬者が訪れる。

本章では、離山した大蔵坊の系譜から石動山山伏の里修験化を追跡し、在地の信仰生活にいかに根ざして影響を与えたか考察していきたい。明治を迎え修験道が廃止されると、山伏たちは復飾して神職・僧侶になったこともあり、金沢市内をはじめとして、山伏に関する史料は決して多くはない。そのため里修験者の具体的な考察は充分になされていない。宝光院に関わる史料もわずかではあるが、同院にまつわる伝承や石動山・宮腰に関する諸史料等から歴代宝光院の事跡を見ていくことが本章のねらいである。

二　宝光院歴代（一）初代大蔵坊・二代秀船

宝光院建立

まず、十代麻佐岐（まさき）が歴代宝光院（延寿寺）の事跡についてまとめた「鏑木（かぶらき）家家譜」（『鏑木家文書』）の大蔵坊・秀船（しゅうせん）の項、および加賀藩が加賀・越中・能登三国の寺社の由緒を調査させた『貞享二年寺社由緒書上』(1)（以下、『由緒書上』と略す）の宝光院の由緒書きを考察していこう。

第一代　大蔵坊
大蔵坊義、能登国石動山天平寺坊内ニ候処、慶長八年故有テ同山退去、石川郡打木村氏神八幡社々地内ニ村民ノ帰依ニテ一宇建立仕、神勤罷在候、同十八年、石川郡宮腰浦江引越、即今ノ地所江移転仕、修験宗当山方三宝院御門主ノ末派ニ加列シ、打木村・南笹塚村・市川村・野村・上安原村・中屋村・矢木荒屋村・横江村・中新保村・下福増村・野瀬村・八田中村・八田村・倉部村・河北郡上田上村、十五ヵ村ノ産神回勤持宮ニ罷在候、元和元年四月、八十九歳ニテ没ス、
第二代　秀船
秀船義、大蔵坊ノ長男ニテ、元和二年寺務相続神勤方先規之通リ、宝光院与名乗、慶安二年三月、七十六歳ニテ没ス、

「鏑木家家譜」（『鏑木家文書』）※史料中の傍線は筆者による

「宝光院由緒」当山之山伏頭医王寺触下分（『貞享二年寺社由緒書上』）

※史料中の傍線は筆者による

一、④私親大蔵坊、慶長八年ゟ私迄二代ニ而御座候、至今年八拾三年ニ罷成申候、本尊薬師如来安置仕、⑤宮ノ腰浜町地子地ニ居住仕申候、

右之外、由来并縁起・御寄進状無御座候、以上、

金沢宮腰浜町

宝光院

貞享弐年九月四日

慶長八年、石動山を離れた大蔵坊の最初の拠点は、石川郡打木（うつぎ）村（現金沢市打木町）であった（傍線①）。恐らく大蔵坊は海岸線に沿って加賀に移動し、日本海に面する同村に辿り着いたのであろう。打木の八幡神社（現打木浜神社）を持宮の拠点とし、十年間定住したことから推察し、大蔵坊の移住以前は、打木には先住の専業神主がいなかったと考えられる。その後大蔵坊は、慶長十八年（一六一三）に拠点を犀川河口の湊町として栄えた宮腰に移した（傍線②）。「宝光院由書」によると、宝光院は慶長八年から貞享二年に至り八十三年が経過したということから（傍線④）、打木八幡神社地内に建立した一宇（いちう）とは、宝光院である。住民の帰依を受けての建立であることから、離山した大蔵坊の里修験活動は順調であったとみてよい。後に宝光院は、京都醍醐寺三宝院を本山と仰ぐ真言系の修験道当山派に属し、同派触頭（ふれがしら）で金沢にあった医王寺の触下（ふれした）となり、慶長十八年に宮腰の地子地区にある浜町（はままち）に移転した（傍線⑤）。しか

し、「元禄年中宮腰絵図」（『中山家文書』）では、地子町地区の湊町（町名です）に宝光院が見え、本町地区の味噌屋町に貸家を所有していたことが確認できる。よって貞享三年（一六八六）以降、遅くとも元禄年間（一六八八～一七〇四）までに、宝光院は浜町から湊町へ移転したと考えられる。

「鏑木家家譜」によると、大蔵坊長男の秀船が宝光院二代目を継承した（傍線③）。そのため『由緒書上』の宝光院の由緒作成者は秀船ということになる。しかし、家譜では秀船は、既に慶安二年（一六四九）に七十六歳で没しており、貞享二年は五代了雲の時に相当する。ちなみに了雲は、宝光院が鏑木姓を名乗ってからの二代目に相当する（了雲の事跡は後節にて記載）。また、慶長八年時は、大蔵坊が七十七歳、秀船が四十歳であるため、大蔵坊の離山は単独ではなく、長男秀船を伴ってのものであったとみてよい。離山後の大蔵坊父子は、打木村・宮腰に定住し、協力しながら十五ヵ村の持宮を巡回することで信者を獲得していったと思われる。

次に大蔵坊が打木村に移ったのち、石動山内の院坊大蔵坊はどうなったのか、その顛末を見てみよう。慶安二年（一六四九）に石動山内の院坊や既に退転した院坊等を調査し、寺社奉行に提出した「石動山社堂有寺院跡等地詰帳」（『勧修寺文書』）の中に、山内に存在する七十三の寺坊と既に退転した一七一の寺坊の名が確認できる。それによると大蔵坊は宝性院末寺として存在しており、その規模は竪二十一間、横十五間であったと記す。つまり、慶長八年の大蔵坊・秀船離山後も、残された衆徒たちにより大蔵坊は山内に存続していたのである。その後、石動山では、寛文元年（一六六一）に前田直之（なおゆき）の子の最勝院が同山の諸院坊を支配する大宮坊別当に就くが、同七年（一六六七）に最勝院は離山することになる。その時に最勝院と共に山を下りた十四坊の中に大蔵坊の名が見える（『多田正史家文書』）。

よって、大蔵坊の歴史は二つの系統に大別することができる。一つは慶長二年に伊掛山から石動山に戻り、その後最勝院が離山する寛文七年まで山内にとどまった系統である。この系統については、離山後の事跡は不明である。もう一方は、慶長八年に離山して、打木村、さらに宮腰に定住し、当山派修験寺院宝光院（延寿寺）を拠点に里修験化した系統であり、本章で考察するのはこの系統である。

宝光院にまつわる伝承

金石には、宝光院にまつわる狐の飯貝（めしがい）（飯蓋（めしがい）、ゴロカイ）という伝承がある。近年、金石在住の山本良子氏がこの紙芝居を制作し、金刀比羅神社の境内で上演した（北國新聞社後援、二〇一一年八月六日）。遡ること昭和五年（一九三〇）七月二十三日付北國新聞に、「連載　県下ナンバーワン　第七回」に「狐の飯茶椀に連綿高窓を閉ざす家」のタイトルで、狐の飯貝の伝承が掲載された(2)。以下、伝承の概略を紹介しよう。

元和二年（一六一六）、二代目宝光院秀船坊は諸国修行を思い立ち、笠一蓋（がい）、一つ歯の下駄、墨染の衣に身をつつみ山法師となり、修行の途に上った。月日を重ね九州路に入った時のことである。突如一匹の白狐が飛び出してきたので、秀船坊は傘（からかさ）をぐるぐると風車のように回して追っ払った。すると白狐は「私の持っている飯蓋は、実に不思議な力を持っている。命より大事なものであるが、貴僧の傘と交換してほしい。」と頼み込んだ。秀船坊は白狐の願いを聞き届け、狐の飯茶碗（飯蓋）と傘を取り替え、宮腰に持ち帰り、大切に保存した。

それから間もなくのことである。飯蓋を手放したため神通力を失い、化けることのできなくなった白狐は、毎晩、宝光院の天窓から忍び込み、秀船坊の枕元に立ち飯蓋を返してもらうよう懇願した。

それに憤慨した秀船坊は、狐の好物を屋上に並べると共に、以後、天窓を固く閉ざしてしまった。以来、白狐は来なくなった。ところが、秀船坊の長男の三代鉄道（※新聞は鉄造坊と記載するが、鉄道の誤記）の代に、うっかりと天窓を開けてしまったところ、抜け目のない白狐は以前にもまして執拗に飯蓋を取り戻そうとした。鉄道は、直ちに天窓に釘を打ち、閉めてしまった。同時に祟りを恐れた鉄道は、飯蓋（椀）を床下深くに埋めてしまった。その後家屋は幾度か改築されたが、祖先からの言い伝えを守り、天窓を開かぬようにしており、十代麻佐岐の代に至っている。

新聞には麻佐岐の談として、「飯蓋は小さな鉛色のような固いもので、幼少時に、一度だけ見たことがある。よく絵に、狐が椀のようなものを口にくわえているが、飯蓋とはそれのことだそうだ。」と掲載されている。

「鏑木家家譜」によると、説話の設定となる元和二年は、秀船が父大蔵坊より宝光院二代目を相続した年である。恐らく秀船は、優れた効験力を備えた修験者であったのであろう。信者に請われて憑き物落としや調伏をはじめ、種々の加持祈祷、卜占、護符の作成等の宗教的活動を積極的に行っていたと推察される。この秀船の秀でた祈祷や回国修行時代の事跡等と元和二年に跡職相続のため本山三宝院へ向かった旅の記録が素地となり、この伝承が生じたと考えられる。

さて、宝光院の持宮十五社の中の一つ、八田中町（現白山市八田中町）にも宝光院に関係すると思われる伝承がある。その概略を紹介したい。

八田中町の村人が松任に向かう道すがら八田中村の方を見ると村が火事になっている。急いで村に戻ってみると火事ではなかった。不思議なことだと思いながら、ひとまず安心し、先ほどのごとく松任に向けて出発した。途中で村の方を見ると、やはり火災が起こっている。再び急いで戻ったが、火の気はなかった。

このことを他の村人に相談したところ、それは天狗の仕業であった。産土社八幡神社の境内にそびえる天狗の住処となっていた神木を、そうとは知らない村人が伐ってしまった。そのため、天狗がいたずらをしたのである。

そこで村人たちは、境内に天狗のために祠を建てて祀ったところ、いたずらがおさまり、以来、八田中村では全く火事が起こらなくなった。


宝光院山伏が定期的に八田中村に巡回し、恒例の祭礼や祈祷をはじめとする宗教的活動を行い、また村人たちも祈祷を受けに宮腰まで訪れていたのであろう。八幡神社ではこの伝承にもとづき、毎年九月に天狗祭という特殊神事を執り行い、鎮火祭の祝詞が奏上される。とくにこの祭礼は、八幡神社本殿ではなく、境内の不動明王を祀る末社で斎行される。つまり、天狗信仰と不動明王の信仰が混在し、一体化した神事となっている。従来の祭礼日は、九月二十九日であったが、平成二十五年（二〇一三）以降は九月の第四土曜日（または日曜日）に変更し、現在に至る。

三　宝光院（延寿寺）歴代（二）　三代鉄道・四代一道・五代了雲・六代文学・七代辨学・八代恵学

冬瓜町恵美須社遷宮をめぐる一件（一）

本節では、主に三代鉄道・四代一道・五代了雲・六代文学・七代辨学・八代恵学の事跡、およびその時期を中心に考察する。まず「鏑木家家譜」に記載の歴代の事跡を掲げたい。

「鏑木家家譜」（『鏑木家文書』）　※史料中の（　）内は筆者が加筆、傍線は筆者による

第三代　鉄道

鉄道義、宝光院（秀船）ノ長男ニテ、慶安二年七月寺務相続神勤方先規之通リ、寛文五年九月、四十一歳ニテ没ス、

第四代　一道

一道義、素性ハ当国（加賀国）松任旧（三代）城主鏑木氏右衛門大夫（勘解由）嫡子ニ候処、所謂有之候テ民家ニ罷在候得共、由来正キ者ニ候ニ付、鉄道実子無之因テ、幼少ヨリ養子ト相成候テ、寛文五年十二月寺務相続神勤方先規之通リ、励勤罷在、堂宇再建仕候、天和三年八月、五十九歳ニテ没ス、

第五代　了雲

了雲義、一道ノ長男、天和三年九月寺務相続神勤方先規之通リ、享保五年六月、七十歳ニテ没ス、

第六代　文学

文学義、了雲長男、享保五年九月寺務相続神勤方先規之通リニ候処、病身ニ付、三十九歳ニテ寺中隠居、

第七代　辨学

辨学義、了雲二男ニ候、兄文学ノ養子ト相成、元文四年二月寺務相続神勤方先規之通リ是迄放光院（宝光院）ト称シ来リ候処、三宝院ヨリ寺号ヲ賜リ延寿寺ト改称シ、七十五歳ニテ隠居、

第八代　恵学

恵学義、辨学ノ実子ニテ、明和二年三月隠居ノ跡職相続、神勤方先規之通リ、文化十年六月、七十一歳ニテ寺中隠居、

四代一道は、第三代松任城主であった鏑木勘解由の嫡男であったが（傍線①）、三代鉄道に実子がいないことから、幼少時に養子として宝光院に迎えられた。よって一道以降、宝光院は鏑木姓を名乗ることになる。現在、鏑木家が松任城主由来の諸史料等を所蔵しているのは、そのためである。一道は、寛文五年十二月に跡職を相続した後、堂宇を再建したと記載するが、詳細は不明である。

一道の長男了雲の代に、宝光院は、宮腰の産土社で寺中町鎮座の大野湊神社（佐那武社・寺中社などとも称す）より、宮腰冬瓜町の恵美須社（夷社）での勤仕の件で訴えられた。この件について、宝永二年（一七〇五）五月二十三日に大野湊神社の神職河崎出羽守定矩・同和泉守秀憲が寺社奉行の永原左京孝之・伊藤平右衛門重澄に提出した申上書（以下、史料一と略す。『大野湊神社文書』）を検討したい。なお、申上書の署名が神職二名の連署になっているのは、大野湊神社の歴史に由来する。同社主祭神の三柱（護国八幡神・天照大神・佐那武神）は、元来、別々の社（八幡社・神明社・佐那武社）に祀られていたものを一社に合祀したという経緯があり、そのため二家の河崎家で分担奉仕していた。定矩は神明社系の河崎家、秀憲は佐那武社系であり、八幡社（八幡神）については両家で奉仕した。史料一に見える神社側の主張は、以下の通りである。

冬瓜町は宮腰佐那武大明神（大野湊神社）の産子である。冬瓜町住民は、先年、他所から移住してきた人たちで、宮腰に来住して猟（漁）師町を形成（冬瓜町）し、そこに恵美須神の勧請を願った。そのため私たち（定矩・秀憲）の先祖は、大野湊神社末社である恵美須社の分霊を冬瓜町に遷し、同町に新たに恵美須社（夷社）を建てた。

船の祈祷は、恵美須社の本社恵美須堂で執り行い、その際、望みがあれば船玉夷札を渡し、船ごとのお札を希望する場合も丁寧に対応してきた。にもかかわらず、冬瓜町住民は、宮腰の宝光院山伏を取り立てるようになった。そのため山伏が恵美須社に入り住民の願いに応えて、次第に身勝手な振舞いをするようになった。この状況を冬瓜の人たちに尋ねたところ、以前は知らないが、近年は宝光院の山伏が来て、町中の釜祓いをはじめ、毎月何らか勤めを行っている。そうこうしている間に、恵美須堂（夷堂）の散銭（賽銭）等を宝光院が受け取るようになり、恵美須堂は宝光院が支配する有様となった。そのため私たちが冬瓜町住民に対し、恵美須社は大野湊神社の持宮であり、宝光院のものではないことの委細を説明したところ、十分に納得してくれた。後日、冬瓜町組合頭等が詫び言を述べに数度、私たちの所へやってきた。

そこで、今度の恵美須社遷宮は大野湊神社の末社に関わることなので、私たちが奉仕すべきである。平素の勤行については村民の自由だが、たとえ山伏に祈祷を頼もうとも恵美須社は宝光院の持宮ではない。宝光院が自分たち（宝光院）の産子ではない冬瓜住民に雇われて遷宮奉仕をしないように、同院に証文を作成させて、それを冬瓜町が保管するように同町組合頭達に告げたところ、十分に理解して帰って行った。

その後冬瓜町からは何の音沙汰もなかったため、私たちの方から様子を伺ったところ、とんでもないことになっていた。宝光院から証文をとらないどころか、今月十九日に宝光院による遷宮奉仕を承諾したということで、何とも理解しがたいことである。

すぐさま宮腰町年寄（中山甚八郎政之カ）に書状を遣わしたところ、遷宮を延期せよとのことであった。総じて大野荘の村々は、前田利家の（天正十四年）印判状により、大野湊神社に寄進されたものである（大野荘内十五村が寄進された。宮腰はその一つ）。よって荘内村々の大小何れの神社も、遷宮等はわれわれが勤め、私たち以外に持宮がある者は一人もいない。もし、宝光院が恵美須社の遷宮を勤めたならば、全産子村が破綻し、歴代藩主から賜った印判状も無意味となる。よって、宝光院による恵美須社遷宮執行を停止していただきたい。

以上である。了雲の代、宝光院は極めて積極的に宮腰で活動していたことが窺える。冬瓜町で釜祓いをはじめ住民の期待に応え、様々な祈祷、調伏、憑き物落とし等の除災、卜占、施薬による治病等を行うことで個人の日常生活に深く関わり、確実に信者を増やしていったに違いない。住民にとっては平素不在の神主よりも、丁寧に家々を回り、日常や精神面で支えとなった宝光院への期待が、恵美須社での勤行となり、さらには遷宮執行を請われたのであろう。

当時の宮腰には宝光院以外にも山伏がおり、それぞれが信者獲得をねらっていたと推察される。貞享二年の『由緒書上』によれば、宝光院以外に三ヶ所の修験寺院が見える。天台宗系修験道本山派の願行寺（がんぎょうじ）触下の大乗院（在所は宮腰新町（しんちょう））、当山派医王寺触下の明力坊（在所は宮腰古道町（ふるみちまち））、宝积坊（在所は宮腰鉄砲町（てっぽうまち））である。大乗院は石川郡長田村（現金沢市長田町）の天神社（現長田菅原神社）を持宮としており、宝光院同様、広範囲な活動をしていたと考えられる。当時の宮腰は城下町金沢の外港として栄えており、多くの物資と共に人の出入りが多かった。そのため里修験者にとっては、自らの経営を潤す格好の活動拠点となり、複数の修験寺院が存在したと考えられる。よって、大野湊神社の産子宮腰を脅かす存在は、決して宝光院だけではなかったのである。

貞享三年（一六八六）に願行寺・蓮本院・天道寺・乾貞寺・医王寺の修験寺院は、持宮以外、つまり、神主が管理する社で祭礼を奉仕しないように触下の山伏たちに命ずる旨を寺社奉行に伝えた（「神主山伏持宮出入之事」、『国事雑抄』所収）。そのため当然、医王寺触下の宝光院・明力坊・宝积坊、願行寺下触下の大乗院もこの通達を知っていたはずである。

ことにこの時期、佐那武系の河﨑秀憲は、大野湊神社の地位向上に心血を注いでおり、宝永元年（一七〇四）八月に京都吉田家から大野湊神社の神階を正一位とする宗源宣旨（そうげんせんじ）が授与された。そのため、決して宝光院の振舞いは受け容れられず、翌同二年（一七〇五）に寺社奉行に訴えたのであろう。

冬瓜町恵美須社遷宮をめぐる一件（三）―冬瓜町の特異性―

冬瓜町は、宮腰において特別な町であった。宮腰の各町は、本町と地子町のいずれかに区分されたが、冬瓜町のみどちらにも属さず、単独で肝煎・組合頭が置かれ、地子銭（じしせん）も免除された。この冬瓜町の特異性は、住民の出自に由来する。前項史料一に、冬瓜町住民が他所からの移住者であるとの記載があるが、宝永二年五月二十九日に河崎定矩・秀憲が奉行所に提出した口上書（以下、史料二と略す。『大野湊神社文書』、次項で考察）の第一条では、以下のように記す。宝光院作成の書付（詳細は不明）には、冬瓜町住民は八十四、五年前に石見国（現島根県）より移住してきたと書かれているが、実際は（定矩・秀憲の主張）八十五、六年前に移住してきたと記載する。

両者の主張に若干の誤差があるが、冬瓜町住民は元和五年（一六一九）～同七年（一六二一）頃に移住してきたことになる。彼らが移住者である根拠は、他にもある。寛永十六年（一六三九）三月の宮腰町奉行勤方定書（加越能文庫、『金沢市史　史料編8　近世六』所収）に「他国ゟ（より）相越候かもうり舟之かことも（水手共）居屋敷之事、」と記載され、他国より来た冬瓜町住民の操る船を、かもうり舟（船）と称している。また文政六年（一八二三）八月の魚方御尋に付書上（『中山家文書』、『金沢市史　史料編8　近世六』所収）によると「辻立売之儀、根元者宮腰冬瓜町猟師共、御元祖様（前田利家）石州（石見）ゟ釣猟師被為召寄、於宮腰猟業仕、御菜御用者不及申、多取揚候時分者金沢近江町辺江出立売仕来申候、」とあり、前田利家が冬瓜町の猟師たちを石見国から召し寄せ、御菜（おさい）奉行を任せたことが確認できる。

元和八年（一六二二）四月のかもうり舟諸役免許状（『中山家文書』、『金沢市史　史料編8　近世六』所収）によると、藩主前田利光（利常）より、かもうり舟での漁を諸役免除とすることが認められた。また、冬瓜住民に対し、一人につき屋敷四十歩が宛（あて）がわれ、諸親類たちが宮腰に来た場合、屋敷を渡すことが許可された。

加賀藩は、高度な漁業技術を導入する目的で、彼らの移住を勧め、かもうり船の名に由来する冬瓜町という特別地区に集住させ、種々の特権を与えたのであろう。かもうり舟で揚げた鯛は冬瓜鯛と言われ、御菜御用として小松御台所の利常の膳部として献上された。

氏子（産子）のいない宝光院が宮腰町で積極的に活動するためには、宮腰で特別な地位にある冬瓜町と連携を深めることは、極めて効果的な策であった。しかし、冬瓜町が重要な町であることは、大野湊神社にとっても同様であった。そのことは、同社の夏季祭礼（金沢市無形民俗文化財指定）からも窺える。冬瓜住民が叩く冬瓜太鼓を合図に神輿行列が編成され、また神輿二基の内の一基は冬瓜の住民が指揮を執り、祭礼には欠かせない存在となっている。以上の状況から、大野湊神社にとって宝光院による恵美須社遷宮執行は、許しがたいことであった。

冬瓜町恵美須社遷宮をめぐる一件（三）―大野湊神社の主張―

定矩・秀憲は、寺社奉行に史料一を提出したわずか六日後に、六ヵ条からなる口上書（史料二）を奉行所に提出した。史料一との内容の重複や理解しづらい箇所もあるが、以下神社側が主張した概略を述べ、若干検討を加えたい。

第一条は、前項で述べたこと以外を記す。宝光院作成の書付には、冬瓜町住民は移住してきた頃より、既に石見で信仰していた恵美須神を奉斎していたとの記載がある。また、宝光院山伏三人が元和四年六月十八日に作成したという証文があるが、疑わしいため、私たち（定矩・秀憲）はその証文の写しを奉行所に提出する。

以上である。証文は現存しないが、恐らく、冬瓜町の恵美須社は石見で奉斎していた恵美須神を祀ったものであるという内容が記載されていたのではないか。つまり大野湊神社末社の恵美須社を勧請したものではなく、石見から持参した恵美須神をご神体として建立した社ということである。宝光院はこれを根拠として、自分たちの奉仕は大野湊神社の持宮奉仕には抵触しないと主張したかったのではないか。定矩・秀憲は、これに異議を唱え、この証文に疑いを持ったと考えられる。

第二・三条は、共に宝光院証文に関する内容を含むため、併せて紹介する。延宝二年（一六七四）の湯立（ゆだて）神事の際、先ほどの証文を根拠に宝光院が奉仕したと記載する。

これについて検討しよう。この時の神主は定矩の先代出羽守定方と秀憲の先代で父の和泉守秀興である。当時、山伏が神主の持宮で湯立を行い、社家の家業を掠（かす）めとる行為が他の神社でも頻繁にあったらしい。そのため神主側の訴えにより、頭山伏たちは、山伏が神主の持宮で湯立の奉仕を行わない旨を寺社奉行に提出している（「山伏湯立執行之事」・「湯立之儀に付社家願書」、『国事雑抄』所収）。しかし、大野湊神社は、天正十四年に利家から社領を寄進されて以降、毎年の湯立神事は山伏を雇って奉仕させており、山伏が勝手に執行している訳ではない（「佐那武社湯立執行之事」、『国事雑抄』所収）。時期は不詳だが、宝光院が大野湊神社の湯立神事を執行していたことになる。つまり、当時の大野湊神社の祭礼において宝光院の存在は不可欠で、宮腰内の住民への祈祷も補完し合って成り立っていたのである。よって、恵美須社遷宮の件を除けば、両者の関係は良好であったとみられる。

引き続き第二・三条を見ていこう。宝光院は正保年中（一六四四～四八）より恵美須社を預かってきたという。これが事実なら貞享二年の『由緒書上』に記載されている筈である。元和年中（一六一五～二四）に末社恵美須社を冬瓜町に分祀したことは、私たち（定矩・秀憲）が作成した紙面の通りである。歴代藩主様の御印により寄進された大野荘内に、そのことを知らない者はいない。敷地内の社を冬瓜町の者どもが宝光院に預けたというのも不審であると記載する。

この件について検討しよう。仮に宝光院が正保年中より恵美須社を預かっていたならば、二代秀船の代からである。冬瓜町住民の定住化が進んだ元和年中も秀船の時と重なる。父の大蔵坊と共に石動山を下りた秀船は、最初は打木村に移り、次いで宮腰に定住し、そこで積極的な信者獲得策を進めていた。宝光院は宮腰の新参者であるが、同時期に宮腰に定住した冬瓜住民も石見から来たよそ者であった。他所からの移住者同士が信仰を通じ、結びつきを深めようとするのは、自然なふるまいである。また、宝光院にとって種々の特権をもつ冬瓜町と繋がることは、宮腰に教線を拡大する上で有効な手段であったことは間違いない。よって程度の差はあれ、正保年中より宝光院が恵美須社と関りを持っていた可能性は高いと考えられる。

第四条を見ていこう。天正十四年以前より宝光院が宮腰に居住し、恵美須社に限らず他にも持宮等を所持しているならば、御印村（大野湊神社が藩主より寄進された村々のこと）でありながらも格別の義がある筈である。私ども（河﨑家）は、恵美須社本社恵美須堂において正月二十日に船の祈祷を執行し、年中の札守を作成し、希望者には今に至るまでそれを遣わしてきた。但し、この船玉札守は、冬瓜町に限ったものであり、他所からの所望がない。また、末社恵美須堂の散銭等を宝光院が管理していることについては、宝光院は数代にわたり私どもの方に出仕している者なので、大目に見てきた。

以上を検討しよう。神社側は、宮腰を含む大野荘内十五村は大野湊神社社領であることは疑いの余地がないこと、また、平素より冬瓜町住民の要請に応えてきたことを主張している。特に注目されるべきは、宝光院は数代前から大野湊神社で奉仕する山伏なので、恵美須堂散銭の件を黙認してきたことを神社側自身が述べていることである。宝光院は大野湊神社に認められ、共に祭礼奉仕する山伏であったのである。そのため、冬瓜町住民が大野湊神社で湯立神事等を執行している宝光院を同社の神主と同等に捉え、部外者とみなさず恵美須社への出入りを自由にしたことが、今回の訴訟の誘因になったということが明らかとなった。

第五条を見ていこう。寛文年中（一六六一～一六七三）から只今までのことについて、恵美須社鎮座地の者ども（冬瓜町）が申してきたことは特例として許可してきたことである。但し、今回の儀は、宝光院と恵美須社処在の冬瓜町住民たちが共に遷宮奉加（勤仕）の承諾を主張しているのである。そのため私たちは、（宝永二年）閏四月十日に、遷宮は私どもが勤仕すべき道理（筋道）について詳細を届けた。再興成就のために、私どもがとやかく言っている訳ではない。天正十四年以降、大野荘内に私ども以外に持宮を持つ者はいないため、今回初めて山伏に持宮を持たせることを承諾することは困難である。

以上である。先述の如く宝光院による遷宮奉仕の件は、冬瓜町住民からの強い要請のもとであった。平素不在の神主に比べ、山伏が住民の生活の中に深く関わっていたことの証左となろう。

最後の第六条である。歴代藩主様の御印により寄進いただいた氏子村の名がついている写（うつし）を含め、この書状、山伏作成の証文写の以上三通を提出いたします。藩主からの寄進のお蔭で、毎年四月十五日の神事能の諸経費、同じく六月十五日の神輿出御の際の諸々の世話等に至るまで、前代から今に至るまで大野荘内の産子村が負担してきた。冬瓜町の恵美須社の儀についても、只今申し上げた道理に基づいてご判断くださるようお願いいたします。これしきのことで藩主様からの御印等の件を持ち出すのは大変恐縮する次第ですが、山伏による遷宮を承認しないようお願いいたします。

以上である。神社側としては、持宮神社の遷宮勤仕だけは何としてもよそ者の山伏に勤仕させるわけにはいかなかったのである。

冬瓜町恵美須社遷宮をめぐる一件（四）―結末と宝光院山伏―

この訴訟は、大野湊神社側の主張が大方認められた。日付未詳だが宝永二年六月以降、年内に作成されたと推察される宝光院作成の証文二点（正文と草案、両者に若干差異あり。『大野湊神社文書』）の要点を列挙しよう。①佐那武社（大野湊神社）産子内の宮腰冬瓜町鎮座の恵美須堂遷宮については、私（宝光院了雲）の心得違いで勤仕する流れとなり、同社が奉行所へ裁断を願うことになった。②評議に従い、今後大野湊神社支配の神社（持宮神社）に行き勤仕しない。たとえ氏子や願人等から頼まれようとも、祭礼奉仕に出向かないことを誓う。③冬瓜町恵美須堂における平素の勤仕は、宝光院が勤めてきた馴染みがあるため、正月・六月・十月の縁日（夷講ヵ）以外は、住民の願いに応じて奉仕することが許可された。④大野荘内に宝光院の持宮がないことを誓う。

以上である。証文の署名箇所に「頭山伏五人」と記載されており、当時宝光院の活動が複数の山伏による広範囲であったことがわかる。評議の結果、宝光院が遷宮を勤めることはなくなった。但し、縁日を除く冬瓜町恵美須堂での勤仕は、正式に認められることとなった。宮腰は大野湊神社の氏子ではあるが、神主は平素においては同社鎮座地の寺中町に居住していたため、むしろ宮腰在住の山伏と町民との関係の方が強くなりやすかった。そのため、宝光院は打木村をはじめとする自らの山伏持宮を持っていたが、居住地宮腰における活動の比重が大きかったといえる。証文中に「当社平日之勤等も不仕候ては、私ひしと及難儀候処、御了簡不浅、仕合に候、」とあるように、平素の恵美須社勤仕まで禁止されれば、大変困窮するところだったが、思慮深くご判断していただき幸運であった、と述べている。仮に恵美須社での奉仕が全て禁止されれば、比較的大所帯の山伏を抱える宝光院の経営は大きく傾くところであった。これが認められたのは、これまでの宝光院の宮腰での活動がかなり浸透しており、勤仕の停止は住民の信仰生活、ひいては日常生活にかなりの支障を与えると判断したものであろう。また、神主持宮での山伏勤仕を認めざるを得ないほど、大野湊神社の神事に深くかかわっていたことも要因であろう。

さて、宝光院証文の署名者頭山伏五人については不詳だが、宝光院五代了雲がその一人であることは、疑う余地はない。ただし、「鏑木家家譜」に従えば了雲の長男文学、二男辨学が頭山伏であった可能性は、年齢的にみても低いだろう。恐らく宝光院は、分家筋や舎弟等の山伏から構成され、活動していたと考えられる。

宝光院は、七代辨学の代に醍醐寺三宝院から寺号を賜り、延寿寺と改称した（「鏑木家家譜」第七代辨学の項傍線②）。以後、明治に入り金刀比羅神社と改称するまで延寿寺を名乗った。そのため金石（旧宮腰）では、現在も「えんじょっさん」と呼ばれている。

ところで、前田土佐守資料館に、年未詳だが八月上旬に作成された「御女王祓九字言伝書」という秘儀伝授に関わる切紙が所蔵されている。この切紙の内容から、伝授者は「鏑木未神道者行者」である。しかし、誰に伝授したのか記載がない。『前田土佐守資料館所蔵品目録』(3)の解説によると、加賀八家のひとつ前田土佐守家五代当主直躬（なおみ）（一七一四〜一七七四、相続一七二九年閏九月七日）は吉田神道（唯一神道）の教えを受け、吉田主税穏信・上木紀伊守・鏑木等に師事し、彼らの門弟になったと記す。神道伝授関係の史料の内、年代確定できるものの大半が宝暦年中（一七五一〜一七六四）で、且つ当館所蔵の神道伝授関連史料は全て直躬のものである。よって、鏑木が伝授した人物は直躬である可能性が高いといえる。

しかし、伝授者「鏑木未神道者行者」と宝光院（延寿寺）山伏の鏑木との関連性が不明であるため、紹介にとどめておきたい。

四　宝光院（延寿寺）歴代（三）九代宣学（右門）・十代麻佐岐

コレラ退散祈祷

本節では、主に九代宣学（せんがく）（右門）・十代麻佐岐（まさき）の事跡や宝光院（延寿寺）における金毘羅信仰について考察していきたい。例によりまず「鏑木家家譜」の歴代の事跡を掲げる。

「鏑木家家譜」（『鏑木家文書』）　※史料中の（　）内は筆者が加筆したもの。

第九代　宣学（右門）
宣学義、恵学実子ニテ、文化十年九月寺務相続、神勤方先規之通リニ候処、明治元年王政御一新ニ随ヒ、復飾仕候テ、延寿寺宣学ヲ鏑木右門ト改唱仕、同年十二月上京仕候テ、神祇官於テ加賀国石川郡打木村八幡社及ヒ村々受持氏神ノ神主職拝命仕候、同二年四月、六十二歳ニテ隠居、（明治七年九月五日六十八歳ニテ没ス、）

第十代　麻佐岐
麻佐岐義、（父右門、母里宇ノ長男トシテ、安政四年四月二十八日生ル、幼名徳之助、昭和二十六年四月十一日、九十四歳ニテ没ス、）明治二年四月父右門隠居、跡職相続神勤方先規之通リ、同年同月旧藩主城中鎮座東照宮神勤方被申付、同六年六月神社御改正ニ際シ、更ニ石川郡鷺森村（佐奇森村）村社佐奇神社祠掌申付ニ相成候、同年八月打木村・南笹塚村・上安原村・中屋村・中新保村・下福増村・倉部村・八田中村・八田村等産神社神勤方兼務更ニ申付ニ相成候、（下略）

安政五年（一八五八）、江戸をはじめとして全国的にコレラ（虎列拉病）が蔓延した[4]。能登や加賀両国でも大流行し多くの死者をだしたが、湊町である宮腰は猟師をはじめ様々な人の出入りがあるため、甚大な被害をこうむった。その状況を示す史料を掲げたい。

『上賃屋日家栄帳』（『加賀藩史料』藩末篇上巻、安政五年八月十四日条）　※史料中の傍線は筆者による。

安政五年午八月廿日頃より三日虎狼利（コレラ）はやり、当地（宮腰、以下同ジ）には拾人許死す、上方・下筋・関東筋諸国一統はやり、本吉（現白山市美川町）百人余死す、福浦大（現羽咋郡志賀町）はやり、入船之船中多く死す、此時之病人は、稼人・船方・猟師・下人之者許に御座候、八月廿九日寺中御社にて祈祷、八月晦日迄三日延寿寺祈祷、八月晦日町中山伏四人麦藁に而船を拵、人形弐人乗せ、壹軒々々御はらひ被成、送出し申候事、当地は九月下旬に而相済申候、江戸死人弐十万人余、大坂弐万五千人余、此辺者潟端多く死す、越中放生津は千人余死す、諸国共中ゟ以下之者許、当地は八月廿日頃より九月中にて、諸病かけて死人五十人許、此病気うつり候か、家内不残死す方多くあり、御郡者耕作につかへ、組人足に而かり取候事、

史料の内容を見ていこう。八月二十九日に寺中御社（大野湊神社）でコレラ退散の祈祷が執行された。とくに延寿寺では、同月二十九日より三十一日までの三日間にわたり祈祷が行われ、同寺の宮腰における影響力や信仰の深さが窺える。さらに三十一日には山伏四人が麦わらで船を作り、そこに人形二体を乗せて、宮腰町内の一軒一軒を祓い清め、送り出したと記載する。恐らく海上安全にも関わる祈祷であろう。宮腰では約五十人ばかりの死者を出したが、

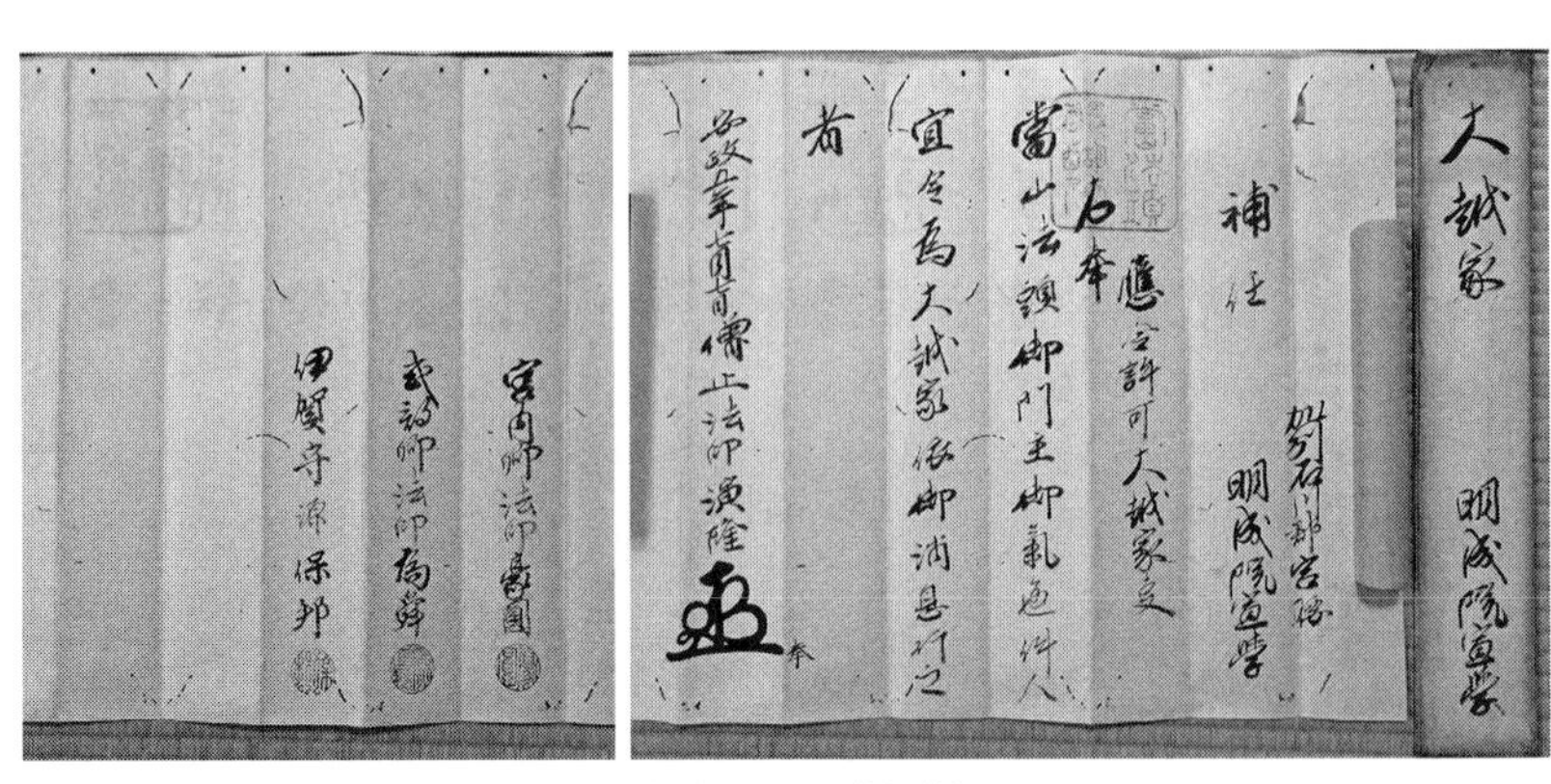

「宣学大越家職補任状（左：裏　右：表）」（金刀比羅神社蔵）

験力のお蔭か、九月下旬には沈静化した。

延寿寺での祈祷を取り仕切ったのは、宣学とみてよい。宣学に関する補任状が五点現存する（『鏑木家文書』）。弘化三年（一八四六）六月五日院号職補任状で明成院と称することが許可、同年同月同日錦地職補任状で錦地袈裟衣着用が許可、さらに同年同月六日権大僧都職補任状、同年同月七日阿闍梨職補任状を授与された。これら四点の補任状は、全て醍醐寺三宝院門主（院主）僧正法印光心が発給し、裏面には宣学を補任へと導いた正大先達と思われる宮内卿法眼豪円・伊賀守源保邦が連署し判を添えている。わずか三日間で四度も官位等を授与されていることから、形式化された感がある。その分、補任状を得るためにかかる旅費、三宝院・正大先達への謝礼は多額であったと思われ、恐らく檀家筋から寄付を募ったと推察される。

さらに宣学は、安政五年七月七日に大越家（だいおっけ）職補任状が授与され、最高位の法印に次ぐ官位に就いた。もちろんこれまでの実績を踏まえての授与であろうが、コレラ退散の験力を期待しての授与であったのかもしれない。授与には、前回以上の謝礼が必要であったと予想される。発給者は、三宝院門主（院主）僧正法印演淳で、裏面に宮内卿法眼豪円・式部卿法印為舜・伊賀守源保邦が連署し判を添えている。

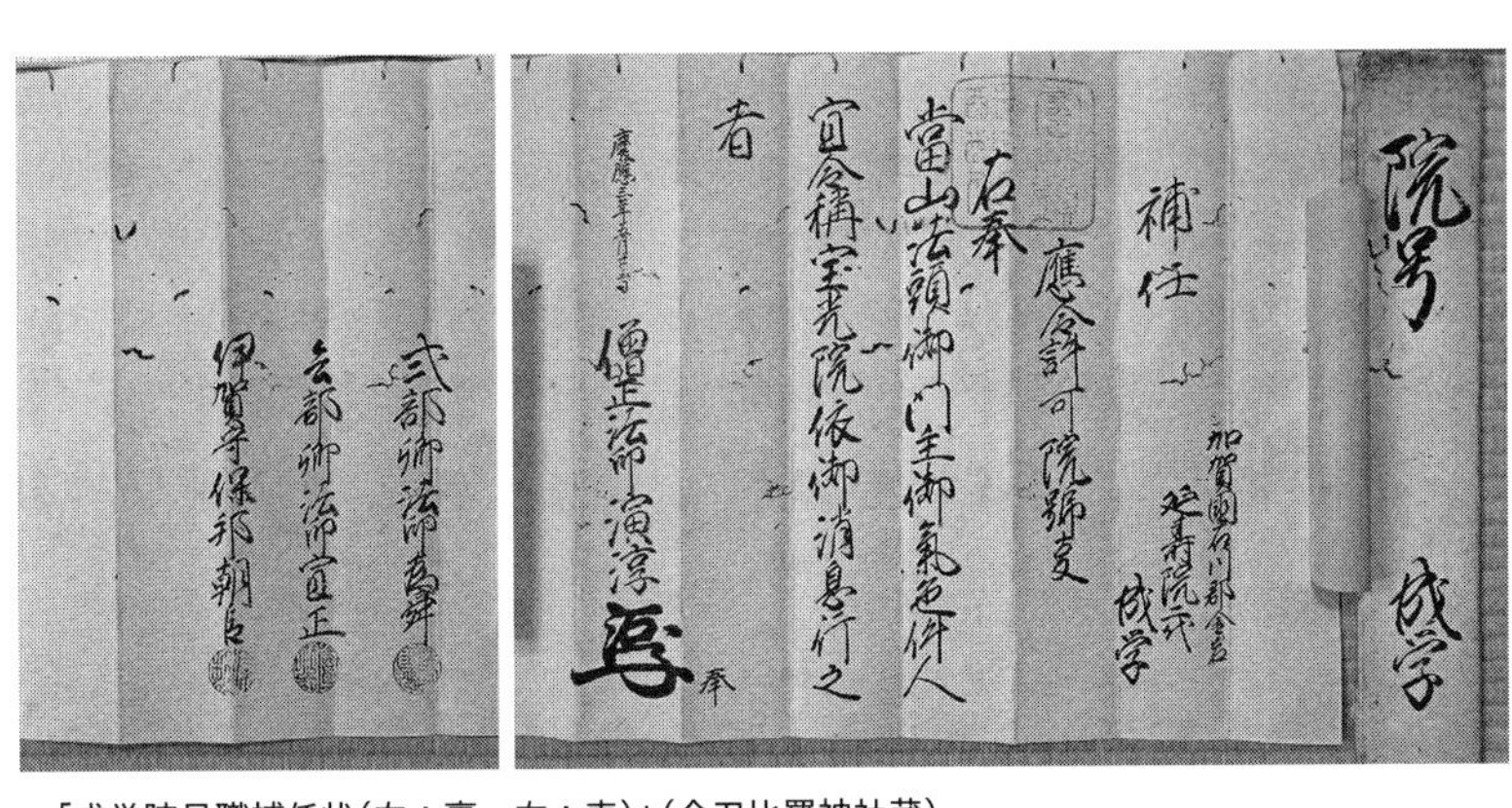

「成学院号職補任状（左：裏　右：表）」（金刀比羅神社蔵）

さて、麦わらの船で宮腰町内を巡回し、祈祷した四人の山伏についてである。安政五年十二月の宮腰草高家数人別入津品々等書上（加越能文庫、『金沢市史　史料編8　近世六』所収）に宮腰所在の寺庵が各宗派別に記載されているが、修験道寺院は延寿寺のみの記載である。以前、宮腰にあった修験寺院の大乗院・明力坊・宝釈坊は退転・移転したか、他に合併されたようだ。よって四人の山伏とは、全て延寿寺山伏であるといえる。

また、「鏑木家家譜」の歴代には見えないが、宣学と同時代に延寿寺に成学という山伏がいた。辨学・恵学・宣学と同じく学の字を名に使用しており、同系統とみてよい。成学の補任状が三点現存する（『鏑木家文書』）。慶応三年（一八六七）五月二十三日院号（宝光院）職補任状、同年同月二十四日錦地職補任状、同年同月二十五日権大僧都職補任状である。三点全て醍醐寺三宝院門主（院主）僧正法印演淳が発給し、裏面は式部卿法印為舜・兵部卿法院宣正・伊賀守源保邦が連署し判を添えている。三日間で三度の官位等の授与である。二十三日の院号職補任状では、新たに宝光院の院号を補任される成学を「加賀国石川郡金岩〔石〕延寿院二代成学」と記載していることから、宝光院を名乗る以前は延寿院と称していたことがわかる。恐らく成学は、本来ならば延寿寺当主になるべきところ、諸事情でそれが叶わなかったのではないかと思われる。仮説として、八代恵学の実子であった可能性がある。宝光院は七代辨学の時に延寿寺と改称するが、辨学実子の恵学は延寿院を名乗らず、成学が二代延寿院を名乗ったのではないか。第二の仮説は、九代宣学の実子であるという説。但し成学の実母は宣学実子麻佐岐の母里宇とは別人ではないだろうか。

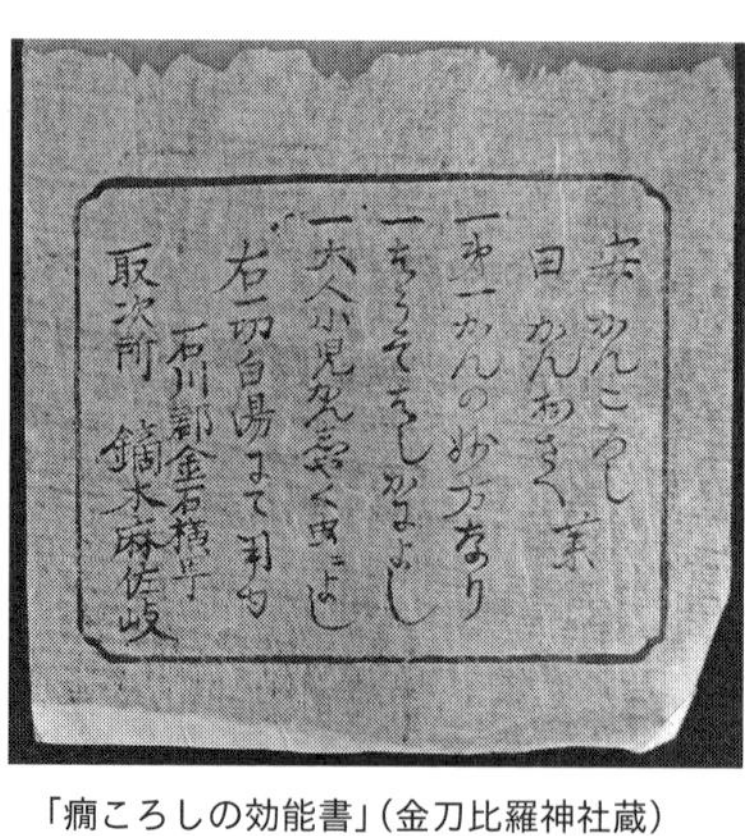

「癇ころしの効能書」（金刀比羅神社蔵）

いずれにせよ、成学はコレラ退散の祈祷山伏四人の一人であろう。成学の家系は、後に分家として宮腰から離れたと思われる。つまり、延寿寺の分家となった安田春日神社（現白山市北安田）の神職鏑木家のことである。宝光院（延寿寺）には、石動山時代の大蔵坊から伝わる秘伝として、歴代伝承してきたものがある。中でも方除けの祈祷と癇ころしの施薬は、信者からの要望が高かった。方除けの祈祷は本家筋の金石鏑木家が伝承し、現在もその祈祷法が歴代伝授されている。一方、癇ころしは癇癪を鎮めるための薬であるが、この製薬法は分家が継承した。昭和の代まで安田春日神社境内地に「カンコロシ　カンオサエ本舗鏑木宝蔵院」という店を構え製薬法を伝えてきたが、現在は途絶えてしまった。

江戸時代は、修験者の祈祷に医療的効果が期待され、特に製薬は種々の病気や怪我に効能があるとして、庶民の期待に応えていた。成学は本家当主を期待された時期があり、験力の高い宗教者であったため、本家が継承すべき秘伝の製薬方を譲与されたのを機に分家したのであろう。なお、分家には説話狐の飯貝（ゴロカイ）の異説が伝わっている。(5)

修験者から神職へ

宣学は、明治改元を機に右門と改名し、翌同二年（一八六九）四月に隠居したことにより、麻佐岐が跡職を相続した。まだ十二歳であった麻佐岐は、相続時、幼名の徳之助を名乗っていた。復飾した麻佐岐は、神職として打木村の八幡神社をはじめ、延寿寺（宝光院）の旧持宮等を兼帯した(6)。

さて、麻佐岐の父右門は、隠居する一ヶ月前に、金沢馬坂町(うまさかまち)の実相寺(じっそうじ)の持宮を譲与された。興味深い内容であるため紹介したい。

「明治二年三月実相寺願書」（加越能文庫、『金沢市史　史料編13　寺社』所収）※史料中の傍線は筆者による

実想[相、以下同ジ]寺願書附

書附を以奉願上候、

一、薬師如来[石像]　　一、堂弐間四方

但シ河北郡上田上村領内ニ鎮座仕、氏子家数百三拾軒斗御座候、三月十五日・八月八日祭礼、両度ニ米弐斗程受納仕来候、

右者、往古神号無御座、薬師如来与申幡ヲ建、村中産仏与相心得、祭礼之節も是迄ハ社人相用不申、拙寺ゟ支配仕来申候、然所今般御一新之趣ニ付、夫々御取調理之上、僧業ニ而氏子・持宮等不相成旨[形、以下同ジ]、被仰渡奉得其意候、尤拙寺儀ハ僧業之趣、則御聞届ニ付難有奉得其意候、依而右、氏子之義ハ、拙僧舎弟金岩[石]町鏑木右門江相譲申度御届候間、此段御聞届御座候様奉願上候、以上、

明治二年三月　　　　馬坂　実想寺（印）

波着寺

右、配下御当地馬坂実想寺差出候書付、加奥書、上之申候、以上、

波着寺（印）

寺社御奉行所

金沢馬坂の実相寺は、河北郡上田上村鎮座の薬師堂（薬師如来堂）を持宮としており、氏子が約百三十軒、年に二度の祭礼で米二斗ほど受け取っていた。村人たちは氏子というよりもむしろ産仏（うぶぼとけ）として心得ていたため、社人が祭礼に奉仕することはなく、実相寺僧が勤仕した。しかし、明治になり、僧が氏子・持宮を預かることができなくなった。実相寺は復飾せず真言僧侶の道を選んだため、薬師堂氏子を舎弟の鏑木右門に譲与することにしたのであった。右門は、その一か月後に隠居したため、麻佐岐（徳之助）が実質上引き継ぐことになった。

この実相寺とは、貞享二年の『由緒書上』に記載の本山派願行寺触下の実相坊のことである。馬坂下天神町（うまさかしたてんじんまち）の地子地にあり、本尊は延寿寺と同じく薬師如来であった。しかし、いつ頃からか真言宗波着寺の触下寺院になったようである。つまり、修験道本山派から真言宗へと鞍替えした実相寺と修験道当山派の延寿寺が舎弟関係にあったということである。このことは、真言僧と修験者の区別は曖昧で、ましてや本山派・当山派の領域も地方の里修験の個人レベル間では垣根がなかったことを物語っている。要するに、加賀藩領内の山伏は真言宗、修験道本山派・当山派のいずれかの触頭寺院の管轄下に所属しなくてはいけない、というものに過ぎなかったといえよう。「鏑木家家譜」によると、初代大蔵坊の時、上田上村の産土社を持宮としていたことが窺われ、宝光院草創期から実相寺と接点があったと推察される。

金比羅（天狗）信仰と宝光院（延寿寺）

明治五年（一八七二）の太政官布告により修験道が廃止されると、延寿寺は金刀比羅神社と改称した。金石（旧宮腰）は大野湊神社の氏子区域であるため、金刀比羅神社を氏神社とする住民はいない。基本的に神主は、本務神社が鎮座する町（村）に居を構え、そこを活動拠点とする。兼帯神社（兼務社）は、春や秋の祭りなど恒例祭礼の時には出張奉仕するが、平素は留守にしている。しかし、宣学・麻佐岐は、本務社鎮座地の打木村には移住せず、従来通り金刀比羅神社（旧延寿寺）を拠点とした。そのため、同社は統廃合を免れ、修験道の性格を残し現在に至るまで命脈を保つことができた。

近世の宮腰は、北前船貿易等で栄えた湊町であり、ことに冬瓜町は猟師町であったことから、延寿寺（宝光院）は金刀比羅神社に改称する以前より、彼らの海上安全に応えるべき金毘羅信仰と深く関わっていた。そのことは、主に江戸後期以降の年号をもつ絵馬や髷（まげ）の奉納額・灯籠等に見える海運業者や船乗り等の記銘からも窺い知ることができる。

また、金毘羅信仰は、天狗信仰を併せ持っており、金毘羅神を天狗と同一と捉える側面がある。歌川（安藤）広重の東海道五十三次沼津の浮世絵には、蓋（ふた）のない箱に天狗面を背負い街道を歩く白装束を身に纏（まと）った金毘羅道者（こんぴらどうじゃ）の姿が描かれている。金刀比羅神社には、天狗面や天狗の絵馬等が残っていることから、延寿寺（宝光院）が宮腰における金毘羅信仰の拠点であったとみて間違いない。宝光院から延寿寺に改称した際に、現在の金刀比羅神社鎮座地に移転したと思われるが、その眼前に、日和山（ひよりやま）がある。日和山と称する山が全国の港近くに多く存在するのは、この山が出（で）船（ふね）や入船（いりふね）の目印となったからである。そのため、日和山には、金毘羅社・住吉社・白山社などの海上信仰に関わる神

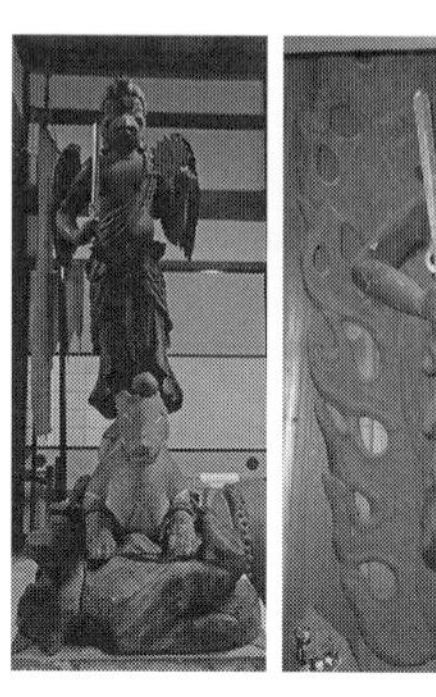
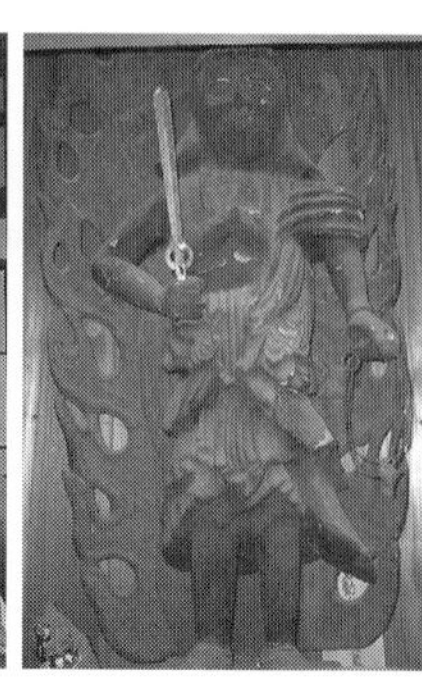
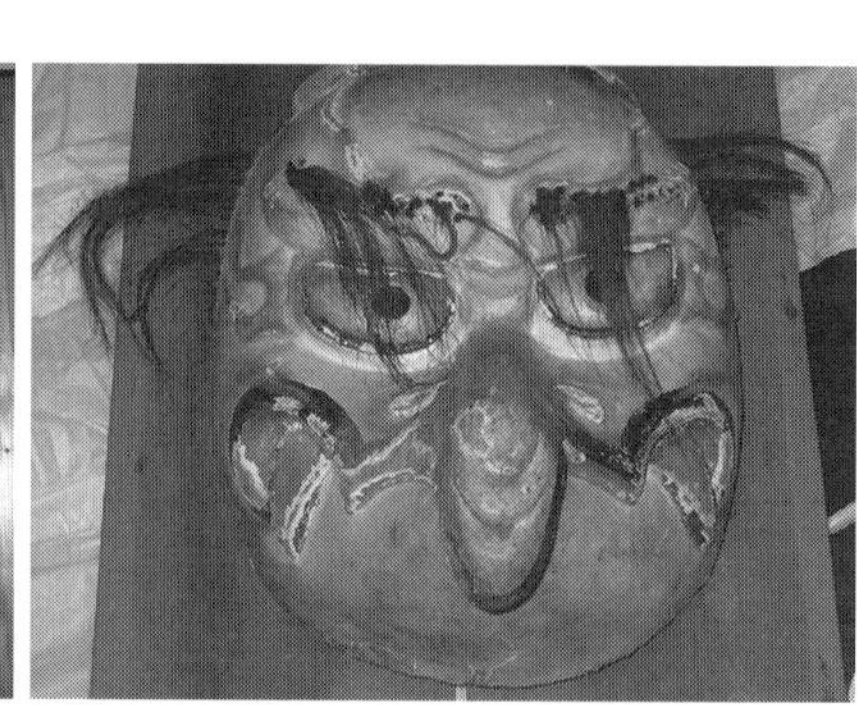

「烏天狗（左）・不動明王（中）・天狗面（右）」（金刀比羅神社蔵）

社が建てられる例が多い。よって延寿寺が日和山の側に移転したことは、金毘羅信仰と深く関わっていたからである。もとより、大蔵坊の離山と共に石動山から下した烏天狗像や不動明王像等が金刀比羅神社に安置されており、宝光院には創建時より天狗信仰や金毘羅信仰と繋がる素地があった。また、宝光院の出自が石動山であったことも効果的であった。北前船は能登に停泊することも多く、石動山自体も海上信仰や医薬効能で知られる霊山であったからである。

さらに天狗信仰が浸透する要因は、大野湊神社の祭神とも関わっていた。佐那武神は、同社三柱の主祭神中、三番目の地位にあるが、大野湊神社創建の由緒と最も深く関わっており、同社縁起類は佐那武神との関係を強調するものが多い。大野湊神社を佐那武社と称するのは、そのためである。さて、この佐那武神は、実は猿田彦神と同一神である。この海上安全の神徳をもつ猿田彦神の風貌は天狗と酷似しており、同社神輿行列の先導役であった猿田彦は、天狗の面を被っていた。そのため住民にとっては、天狗信仰と佐那武神（猿田彦神）信仰は同じものと捉えられていた。そのことが天狗信仰のみならず、宝光院への崇敬を集める一要因になったと考えられる。付言すれば、仮に明治以降、麻佐岐が打木村へ移住していたならば、金刀比羅神社は金石から消え、同時に金石の金毘羅（天狗）信仰も衰退していたであろう。

五　おわりに

大蔵坊が石動山を下りた最大の要因は、寺坊の経営難であることは明白である。しかし、近世前期から後期にかけて、金沢をはじめとする修験寺院は大幅に減少しており、そのことは、里修験化した山伏たちがすべて順調にいった訳ではないこと物語っている。宮腰の修験寺院の中で生き残ったのは宝光院（延寿寺）のみである。

その意味においては、宝光院（延寿寺）の経営は成功したといえる。ことに冬瓜町住民からの崇敬を得て、石動山に由来する種々の祈祷や信仰等を宮腰において最大限に活用したことが成功の大きな要因である。また、恵美須堂遷宮の件では大野湊神社と不仲になったが、基本的には良好な関係を保っていたことも重要である。明治六年（一八七二）に大野湊神社より佐奇森町（現金沢市）鎮座の延喜式内社佐奇神社を譲られた麻佐岐は、本務社を打木町の八幡神社から佐奇神社に変更した。これも両社の関係が順調であった一例であろう。

金刀比羅神社は、十代麻佐岐、十一代勢岐（せいき）（一九五一年跡職相続）までは、延寿寺時代からの崇敬者も多かったが、十二代悠紀夫（ゆきお）（一九八三年跡職相続）および現十三代（二〇〇九年跡職相続）の頃より、減少化が促進した。経営母体となる氏子を持たない神社にとって、崇敬者の減少は、存立自体が危機的状況となる。しかし、これを乗り切れたのは、居住地を佐奇森町に移さなかったためである。明治二十八年（一八九五）に打木町八幡社が再度、本務社となり、さらに時期不明だが佐奇神社を本務としたが、拠点は常に金刀比羅神社に置いた。これにより、当社は、現在も石動山時代からの信仰対象や祈祷・神符等を伝えている。

註

（1）『加越能寺社由来　上巻』（日本海文化叢書第一巻、金沢大学法文学部内日本海文化研究室編集、石川県図書館協会、一九七四年）。同書記載の宝光院由緒の省略個所は、石川県立図書館所蔵の『貞享二年寺社由緒書上』（県庁旧所蔵文書）にて校合。

（2）鏑木悠紀夫『松任城と一向一揆―一揆の雄 城主鏑木氏を探る―』（一九八八年十一月十日、北國新聞社）にもこの伝承が紹介されている。

（3）金沢市、二〇〇一年三月三十日

（4）池田仁子「まるで新型コロナ対策の原型　藩から御触れ、徹夜で薬増産」（『北國文華』第八四号、北國新聞社、二〇二〇年六月一日）

（5）（2）に異説を記載。

（6）「社僧別当等復飾之覚」（『安江八幡宮文書』、『金沢市史　史料編13　寺社』八、神仏分離に所収）

能登における郷土研究の目覚めから終焉まで
―宗教と民俗を中心に―

由谷　裕哉

一　問題の所在

本稿では、能登を対象とする住民サイドからの郷土研究に注目し、そこに表出する当事者による郷土認識を宗教・民俗に絞って考察する。郷土研究という柳田國男と結びつけられがちな用語を使用しているが、本稿では柳田スクールとは異なる能登におけるその目覚め、および終焉までをテーマとする。

ここでの当事者性という点、および柳田國男との関連とは別の、という二点について、順に説明しておく。

まず、当事者性について。これは筆者が『郷土再考』（角川学芸出版、二〇一二年）を編んだ頃から、郷土およびその研究に関して念頭に置いている視点である。同書において筆者が主張したのは、郷土とは当事者によって意識される対象であろう、ということであった。したがって、郷土研究を考察するに当たっては、当事者による郷土認識が課題として求められる筈である。例えば、同書において筆者が執筆した「帝都と郷土」[1]は、能登總持寺の焼失後、日露戦後の明治三九年（一九〇六）に鶴見への移転が内定したとの報道がなされたことにより、總持寺旧地である門前（現・輪島市）住民の郷土意識が覚醒したことをテーマとしていた。

以上のように当事者による郷土認識に焦点を置くため、本稿では地元住民による郷土研究の始まりに注目したいと考えるのである。明治維新以降、式内社調査や皇国地誌など政府による様々な形での調査が地方において行われており、そこにおいて宗教や民俗関連のデータも多く記録されている。また、筆者と時枝務氏との共編著『郷土史と近代日本』（角川学芸出版、二〇一〇年）でも述べていたように、郷土史研究は近世から引き続いて行われてきており、能登に関する郷土史誌も明治前半から存在した。

しかし、それらは行政による調査か、もしくは能登の郷土史に関しては金沢の知識人（士族）によって執筆されたものであったので、そこに見られる言説は当事者のものとは云えなかった。

本稿においては、地元住民による郷土史誌を含む郷土研究の濫觴を、明治四二年（一九〇九）における東宮嘉仁親王（後の大正天皇）の能登行啓に求めたい。[2] これはこの行啓が、明治以降の皇族として初めての能登への行幸啓であったことに拠っている。

第二に、柳田國男による郷土研究との違いであるが、本稿で触れる地元住民による多様な言説に散見される口碑は、例えば柳田が一九三五年の『郷土生活の研究法』で探求対象と見なした「言語芸術」や「心意現象」とは明らかに異なっている（具体例は後掲する）。ここでは柳田スクールの影響とは無関係に地元住民が調べ上げた祭礼・年中行事・口碑伝説などの記録を、地元における郷土史誌・郷土教育に加えて郷土研究という用語で総称したいと考えているのである。

以上を踏まえて本稿では、次の第二節で東宮行啓から一九二〇年代までの地元の郷土研究（含む、郷土史）を概観し、第三節で文部省（当時）の指示により公式に郷土教育が開始される昭和五年（一九三〇）に始まる一九三〇年代における、主として地元の郷土教育関連テキストを追跡し、その変質をも考察する。第四節で以上をまとめ、本課題についての見通しを得たい。

二　東宮行啓から一九二〇年代までの能登における郷土研究の目覚めと進展

本節では、この時代の主な出版物およびトピックスについて表1に掲載することにし、個々の詳細については、四つほどの著述傾向に分けて本文で触れることにしたい。

嘉仁親王の石川県への行啓は明治四二年九月二三日から二九日までで、親王はこの間、金沢市兼六園内の成巽閣に宿泊された。そのうち能登へは、二七日の午前八時二〇分に国鉄金沢停車場を出発、七尾停車場に一〇時二五分に到着された。この後、人力車で七尾中学校・鹿島郡公会堂・和倉温泉などを回られ、午後三時五分に七尾停車場を出発、午後五時四〇分に金沢停車場に戻られた。この間、七尾中学校では校庭に並べられた大地主神社青柏祭の曳山を台覧されている。このように、能登への行啓は二七日のみの日帰りであった。なお、この日には国幣中社気多神社に東宮侍従が差し遣わされてもいる(3)。

以上の東宮の能登行啓に関して、管見のおよぶ限り『鹿島志』（北陸出版協会）、『羽咋志』（同上）、『七尾町誌』（七尾町役場）、『鹿西地方生活史』（同史編纂会）という四書が、同年九月二七日銘で記念出版として刊行された。

和暦	西暦	能登の郷土研究に関連する事項・著作	世界・日本の動き(含・県外での郷土研究)
明治42	1909	東宮の能登行啓(同年9月27日)の記念として、和田文次郎『鹿島志』・『羽咋志』、久保田操『七尾町誌』、野田源助ほか『鹿西地方生活史』の4冊が刊行。	井上友一『救済制度要義』、『自治要義』(井上は金沢出身の内務官僚)/柳田國男『後狩詞記』(自費出版)
明治43	1910	和田文次郎『珠洲志』	新渡戸稲造宅で郷土会始まる(柳田の郷土研究会を吸収)/柳田國男『遠野物語』『時代ト農政』
明治44	1911	和田文次郎『鳳至志』/金沢市役所『鶴駕奉迎録』(七尾行啓の記事2頁ほど)/栗山泰音『嶽山史論』	辛亥革命/西田幾多郎『善の研究』
明治45・大正1	1912	鹿島郡小学校第七部研究会『能登島地方誌』/石川県立図書館開設	石橋臥波ら日本民俗学会設立(－1915)/『明治神社誌料』刊行(中巻に、能登の県郷社の由来掲載)
大正2	1913	山田毅一『能登半島』	柳田國男と高木敏雄『郷土研究』誌を創刊(－1917)、柳田「巫女考」を連載/小田内通敏『我が国土』
大正3	1914	畠中重次『能登の輪島』(輪島町の案内記)	第一次大戦始まる(－1918)
大正4	1915	加越能史談会発足(和田文次郎ほか)、同会の建議で兼六園保勝会を組織/気多神社が国幣大社に昇格/館愚『羽咋郡案内』	柳田國男「柱松考」、「柱松と子供」、「龍燈松伝説」など
大正5	1916	石川県教育会羽咋郡支会会『御代の光』(大礼記念の和歌など集成)/上多津太郎『羽咋郡案内』	柳田國男「甲賀三郎」、「唱門師の話」、「俗山伏」など
大正6	1917	日置謙『石川県羽咋郡誌』(日置による初めての県内郡誌)/加越能史談会『三州史料』刊行始める/同会が史蹟標榜設置開始	『郷土研究』誌休刊、最終号に柳田國男「玉依姫考」など
大正7	1918	『石川県の研究第2 神社編』(日置編)	郷土会の神奈川県内郷村調査(柳田國男、小田内通敏ら)/小田内通敏『帝都と近郊』
大正8	1919	本県出身の東京府知事・井上友一が突然死去した(北國新聞 6.11)	史蹟名勝天然記念物保存法制定/柳田國男「祭礼と世間」(東京朝日新聞に連載)
大正9	1920	七浦小学校同窓会『七浦村誌』(鳳至郡)/『和倉温泉案内』	第1回国勢調査/柳田國男『赤子塚の話』、『神を助けた話』(炉辺叢書)
大正10	1921	日置謙、石川県史嘱託に/『石川県の研究第3 宗教編』(日置編)/和田文次郎『郷史談叢』	柳田國男「俗聖沿革史」
大正11	1922	九十九湾保勝会(珠洲郡小木町)が日和山に新道を設けて観光客の便をはかることに(北國新聞 6.25)	ワシントン軍縮会議終了/柳田國男『郷土誌論』
大正12	1923	日置謙『石川県鳳至郡誌』・『石川県珠洲郡誌』	郡制廃止/関東大震災/小田内通敏(編)『南葛飾郡誌』
大正13	1924	植木直一郎『須須神社誌』/『石川県史蹟名勝調査報告』第2輯(石動山、総持寺、穴水城、七尾城など)	柳田國男「木綿以前の事」
大正14	1925	羽咋・高浜間に能登鉄道が開通/国鉄七尾線七尾・和倉間が開通/『石川県史蹟名勝調査報告』第3輯(明治天皇聖蹟など)/『高浜案内』	治安維持法・普通選挙法議会通過/柳田國男と有賀喜左衛門ら『民族』創刊(－1929)
大正15・昭和1	1926	西川嘉一郎『羽咋郡郷土誌』(小学校の教授参考書)	郡役所廃止/柳田國男「人を神に祀る風習」、『山の人生』

和暦	西暦	能登の郷土研究に関連する事項・著作	世界・日本の動き（含・県外での郷土研究）
昭和2	1927	能登鉄道、高浜・三明間開通（-1972）／加越能史談会七尾支部発足、同会『郷土史叢』刊行始まる／『石川県史』刊行始まる／田治八十八『能登研究』（一種の観光案内的な冊子、鹿島郡中心）	第1次山東出兵／柳田國男「松王健児の物語」、「目一つ五郎考」
昭和3	1928	小田吉之丈ほか『石川県鹿島郡誌』／竹内利道『加賀能登式社私考録』（式内社を考証した小冊子）／黒本稼堂『能登巡杖記』	張作霖爆死／柳田國男『雪国の春』『青年と学問』
昭和4	1929	日置謙編纂『加賀藩史料』刊行始まる／小田吉之丈『加賀藩農政史考』／羽咋神社『官幣中社昇格願書』	大恐慌／折口信夫ら民俗学会設立（－1933）／柳田國男『都市と農村』、「葬制の沿革について」、「婿入考」／小田内通敏『都会と田舎』（児童向け）

表1　東宮行啓から1920年代までの能登の郷土研究

（1）東宮行啓時の文献史学による郡誌・町誌

これら四書のうち『鹿島志』および『羽咋志』は、金沢在住の郷土史家・和田文次郎（一八六五―一九三〇）が著した郡誌である。和田はこの時の記念出版として、旧加賀国に含まれる河北郡に関しても『河北志』（北陸出版協会）を著している。彼はこの前後に、石川県内の他五郡の郡誌も執筆している(4)。

その和田は金沢出身で東京専門学校に遊学し、病に伴う中退により帰郷して以降、新聞記者などを経て次第に郷土史記述を専らとするようになったらしい(5)。表1のように、大正四年（一九一五）に石川県内で初の郷土史の研究サークルである加越能史談会を結成し、同会は後に七尾支部も結成されている。

このように和田は当時金沢市在住であったので、これ以外の『七尾町誌』および『鹿西地方生活史』の二書が地元視点による郷土研究ということになる。

そのうち『七尾町誌』は、ハードカバーの和綴じの本である。編者の久保田については不詳であるし、同書には口碑の記載も見られない。ただ、前半の通史では、前田家による能登支配を苦々しく位置づける一方で中世の畠山時代が肯定的に位置づけられており、本文中への写真挿入が長谷川等伯と七尾町曳山の二箇所のみであることと併せて、独自の郷土認識が見られる。

例えば、写真が挿入された「七尾町曳山由来」の冒頭には、次のようにある（同書一八四―一八五頁）。

大地主神社は本国創始の頃より国守護神として鎮座せるを以て、円融天皇の朝、源順能登守たしり時、国祭を擧行せしは是青柏祭（曳山祭）の嚆矢なり。降て足利時代、畠山修理太夫満則、本国の守護職たるに方り、魚町、府中町、鍛治町（舊七尾の町名）を以て青柏祭特待町と定め、営業役免除の恩典を與へ、曳山（山車）には畠山の徴號を付するを免しぬ。今尚記念として魚町の山車に之を存しつつあり。（後略）

近年、建築学の市川秀和が、近代七尾における「脱百万石」精神を指摘するに当たって、それが表出した好例として同町誌をあげている[6]。しかし、この町誌全体の基調が反前田家であったかと問うと、少し異なるように思われる。先に引用した曳山は東宮行啓に当たって台覧に供せられた祭具であり、それを写真付きで長谷川等伯と並んでクローズアップするのは、それらによって七尾町を顕彰しようとする意図からだと考えられる。

（2）小学校教員による口碑採集を含む郷土研究

以上三書が文献史学による郡誌・町誌といえるのに対して、残る『鹿西地方生活史』は小学校教員による郷土研究と位置づけられる書である。野田源助ほか計一〇名の編とされているが、戦後の昭和四〇年（一九六五）に出版された『校訂鹿西地方生活史』の「原著編纂者の履歴」によれば、計一〇名の執筆者は小学校長および次席であったことが分かる（以下、概略と引用は校訂版による）。その中には、『郷土研究』『旅と伝説』『民族』誌などへの寄稿や、後に『石川県鹿島郡誌』（一九二八年）の編纂に加わったことでも知られる諏訪藤馬[7]が含まれていた。

同書で注目すべきは、この時点で既に「風俗・民俗」の項目として年中行事などの記載があることであろう。例えば年中行事の三月二一日の項目には、以下のように平国祭について解説がある（改訂版六〇―六一頁）。

俗に（おいでまつり、おとほり）といひて、羽咋郡一宮気多神社に行はる、ものにて、騎馬の神官数多、神輿の神馬の前後につき従ひて、鹵簿厳めしく同所より七尾まで往復せらる、ものにて、其通過を奉送迎するなり。これ往古、大己貴命この地方を平定せられし有様を擬したる古式なり。この日毎戸国旗を掲揚し業を休む。その順路は、本社御発輦、柳田、千路を経金丸に至り、宿那彦那神像石神社にて御発輦、同神璽を神輿に移し奉る。此所に一泊。（後略）

このように「民俗」と称していても、共著者たちが独自に話者から聞き取った口頭伝承というより、二次的な言い伝えか、いわゆる書承（平国祭の起源に関しての）を紹介したものであるように思える。ただ、そうではあっても、口碑を紹介しようという意欲をうかがうことはできる。

以上のように、明治四二年の能登への東宮行啓は当地での郷土研究の濫觴となったと推察されるが、そのうち『鹿西地方生活史』だけが地元の小学校教員によるものであり、同書のみに年中行事を中心とする口碑（上記のように、オリジナリティは少ないが）の記録が見られた。後に著された類似の性格を有する出版物について、次に概観しておく。

鹿島郡小学校教員第七部研究会『能登島地方誌』（同会、一九一二年）の編纂および執筆は、当地の小学校教員であった（表紙は写真1）。第一〇章風俗の二として「民俗」がある他、第一二章社寺の項目には、次のように神明神社の「猿鬼の角の由来」が掲載されている（同書一四九頁）。

人皇四十代、天武天皇御代十三年に當つて能登国能登郡嶋八ケ庄の内にして別所と向田との村境にして一つの谷あり、此処は往昔より、斧鍬をも入ざる大木にして、枝を連ぬる甚茂き杉林あり、其中に其形猿に似て、頭に一角ある誠に恐るべき猛獣住て、折々里近き山に出て来り、牛馬鹿熊犬猫に至る迄に取喰ふ事限なし、後々には

写真1 『能登島地方誌』表紙

> 里々なる人家に入来りて、人を害せし故に諸人の愁ひ限なし（後略）

見られるように『鹿西地方生活史』に収録された口碑と違い、語りが生き生きとしている。表1のように、柳田國男と高木敏雄が『郷土研究』誌を創刊したのが大正二年（一九一三）のことであるから、『能登島地方誌』刊行はその前年ということになる。したがって、『郷土研究』誌に先立つ『能登島地方誌』の意義を明記しておくべきであろう。

少し年月が空くが、七浦（しつら）小学校同窓会（編）『七浦村志』（発行者は細川豊松、一九二〇年）も同種の出版であり、執筆者は同小学校教員、同窓会会員などとされている。なお、七浦村は鳳至郡である。同村誌には一七異聞、二二慣習などの項目に、フォークロア・データが比較的豊富に収録されている。例えば、後者の年中行事の項目のうち、「起舟」には、以下のようにある（同書二五五—二五六頁）。

> 一月十一日に行ふ小漁師の祝儀をいふ。其の起因詳らかならず。或は貴酬といひて古るくは武家より農家に振舞ふ行事なりしといひ、或は吉祝なりといひ、實は十一日に行ふ倉開きを祝ひし者なりともいひ、或は龜酒・喜酒などの字を用ひ、又鬼酒の轉かともいふ。蓋し起舟と書くを宜しとするの説を取るべし。そは本郡内でも舟おこしと稱する所あればなり。

以上のような小学校教員による口碑の採集を含む郷土研究は、後に触れる昭和三年（一九二八）の『石川県鹿島郡誌』を経て、一九三〇年代の郷土教育関連図書に継承されることになる。

（3）観光案内・史蹟調査報告書

第三に、一種の観光案内的な著作物などについて概観したい。

まず、山田毅一『能登半島』（上田書店、一九一三年）は、著者の山田について能登で療養していた旨の記があるのみで、出版意図は不詳である。とはいえ、勝地の地誌的な紹介・紀行・略史からなっており、本全体としては能登全体に関する観光案内として出版されたのではないかと推察される。

大正三年（一九一四）に始まった第一次大戦によって好景気がもたらされると、能登にも観光客が訪れるようになったと考えられる。なお、既に明治三一年（一八九八）には国鉄七尾線が開通しており、七尾への東宮行啓も鉄路の当地への延伸を前提としていた。

ともあれ、このような観光ブームに対応するかのように大正四年（一九一五）と翌五年に、同じ『羽咋郡案内』なるタイトルの観光案内書が異なる編集兼発行人名で出されている（写真2、一九一五年版表紙）。内容はほぼ同じ部分が多いものの後者の頁数が多いので、とくに明記されていないが後者は前者の増補版ではないかと思われる。

写真２『羽咋郡案内』表紙

そのうち編集兼発行人が「館愚」名義の一九一五年刊の案内で、三七頁に掲載された「石衝別命御墓」は、以下のようであった（一九一六年版も同頁に、同文の記がある）。

羽咋神社の境内に在り御陵山と称す。相傳ふ命此の地に薨し給へる時庶民茲に御墓を築き永へに其恩徳を紀せりと。往時は四周に湟塹を繞らし規模頗る大なりしが今猶喬木挿濕柯を交へ翠を攢めて古色蒼然たり。（後略）

表1に掲載した著作物では、他に田代八十八『能登研究』（鹿島郡鐘美堂、一九二七年）がこの方向性のものである。その他、筆者が実見していないものの、小松市内で戦前戦後に活躍した郷土史家である川良雄が著した石川県内郷土資料のデータベース的な著作である『郷土の書物』（石川県図書館協会、一九六四年）によれば、『能登の輪島』（輪島商工会、一九一四年）、『和倉温泉案内』（筒井盛美堂、一九二〇年）、および『高浜案内』（発行者は加藤卓三、一九二五年）が、この時期に観光案内として出版された模様である。三番目の高浜（現・羽咋郡志賀町）に関しては、表1のようにこの年に羽咋との間で能登鉄道が開通したことに伴う出版ではないかと思われる。

この能登鉄道は私鉄であり、昭和二年（一九二七）には羽咋郡北部の三明まで鉄路が延びた（表1）。同鉄道は戦時中の昭和一八年（一九四三）に北陸鉄道に吸収合併されて北陸鉄道能登線と呼ばれるようになり、昭和四七年（一九七二）に廃線となった(8)。

以上のような観光案内は、不特定多数の外部の人に見せるために郷土の位置づけを考えることに繋がるであろうが、観光資源ということでは、大正八年（一九一九）に制定された史蹟名勝天然紀念物保存法が関わってくると考えられる。この法律に対処すべく、石川県では寺社や城跡に関して『石川県史蹟名勝調査報告』第二号（石川県、一九二四年）が刊行された。同報告書において、能登では石動山、總持寺、穴水城、七尾城などが取り上げられ、これらが後に観光資源としての価値を有する前提となった。

なお、表1の一九二八年の所に載っている黒本稼堂は金沢出身の漢学者で、五高で夏目漱石の同僚だったこともある知識人であった。この『能登巡杖記』（『稼堂叢書』同刊行会、一九三二年、に掲載）は彼が引退後に能登を旅行した記録の一つであり、これまで述べてきた能登への観光的な関心とも対応しているであろう。

（4）日置謙・小田吉之丈による郡誌

第四の著述傾向として、和田文次郎よりやや若い世代の郷土史家である日置謙（一八七三―一九四六）および小田吉之丈（一八七四―一九五一）による、口碑を含み込んだ新しい郡誌を概観することにしたい。

日置は金沢の士族家に生まれ、第四高等学校卒業後に大学進学のために上京するも、中退したのは和田と似ている。中退した大学名は明らかにされていない。明治三八年（一九〇五）に県外での教師生活を経て石川県に戻り、県内の教員生活を兼ねつつ郷土史研究に次第にシフトしていったらしい(9)。

彼による郡誌の第一作が『石川県羽咋郡誌』（同郡役所、一九一七年）であるが、この郡誌では口碑の収録は稀少であった。刊行年が、郡制が廃止と決まる前であったことと何らかの関係があるかもしれない。

それから数年後の刊行となった『石川県鳳至郡誌』および『石川県珠洲郡誌』（いずれも当該郡役所、一九二三年）では、フォークロア・データが数多く掲載されるようになった。例えば、『鳳至郡誌』の第三七章三井村、大幡神社の項目で、次のような猿鬼退治譚が掲載されている（同書一三一四頁）。

傳へ言ふ、天正文禄の交本郡當目村に猿鬼と稱する猛獸あり。岩窟に棲み山河を馳驅し、牛馬を喰ひ人命を害す。劔戟弓矢を以て之を除かんとするも得ず。三井の村民之を憂ひ、神杉伊豆牟比咩神社に祈請せしに、素盞嗚尊等議して、山川草木に毒水を注ぎ、又山上に八旒の大幡を掲げしかば、諸神之を目標として相會し、終に猿鬼を討滅す。これより人民當社を尊敬して三井の大幡と稱すといへり。

一説に、この両郡誌に収録された口碑は地元の小学校校長などからの情報に基づくとされるが、郡誌そのものにはその旨の記載が無い。もっとも、日置の場合も和田と同様金沢市在住であったので、たとえ地元の小学校教員が採集した口碑が添えられていたとしても、住民視点の郷土研究とは云えないであろう。

それに対し、先に見た小学校教員による『鹿西地方生活史』、『能登島地方誌』、『七浦村志』を継承した能登の郡誌といえるのが、地元の小田吉之丈が中心となってまとめた『石川県鹿島郡誌』（同郡自治会、一九二八年）である。小田吉之丈は若い頃に大阪に出ていたらしいが、やがて故郷の鹿島郡高階村（現・七尾市）に戻り、代用教員兼郷土史家となった人物である。(10) 代表作『加賀藩農政史考』（刀江書院、一九二九年）など、農民の観点からとくに前田利常治世期を善政として賛美する郷土史を著したことが知られるが、一方で畠山氏の拠点だった七尾城保存運動に尽力したり、前田家によって滅ぼされた一向一揆に関する著作（『北国の一向一揆集』一九三一年）を著したりもしている。そもそも、なぜ士族でないのに前田利常を賛美するのか、など著作や行動の一貫性には疑問が残る。

以上のように編纂者である小田の著作動向に疑問は残るものの、同郡誌には第一二章民俗、第一四章民謡・童謡、第一六章伝説、第一七章俗信などフォークロア的なデータがかなり多く、一部は小田自身が執筆している。しかも、同郡誌には、これらの情報提供者となった小学校校長名も明記されている。筆者は以前、七尾市大地主神社の猿神供犠譚の初見が同郡誌ではないか、と推定したこともあった。(11)

その猿神供犠譚の冒頭部分は、以下のようである（同書前篇九五一頁）。

　山王社の人身御供。昔七尾の山王社にては毎年みめよき町内の娘を人身御供に上げしが、或年白羽の矢は一人娘の其方に立ちぬ。娘の父は何とかして救ふ道もなきかと娘可愛さに身も忘れ一夜社殿に忍び入り息を殺して様子を窺ひしが丑満つ頃ともおぼしきに何ものともなく聲のするに耳を立つれば、若き娘を取喰ふべき祭の日も近づけるが越後のしゆけんとてよも我の此処に在るを知るまじと咳きしなり。娘の父は夢かと打喜びしゆけんの助けを藉らんとて急ぎ越後に赴き此処彼処尋ね求めしが何等の手かかりもあらざりき。（後略）

先に引用したように、大地主神社の青柏祭に関しては東宮行啓記念出版の『七尾町誌』が当地を代表する祭礼として位置づけていたのだが、祭礼の起源譚としてこの供犠譚は紹介されていなかったのである。

小田は他にも多数の著作を著しており、その著述動機など今後の検討に期したいと思うが、『鹿島郡誌』に関しては、地元の小学校長の協力によって多数のフォークロア・データを掲載した郡誌であったことが重要であろう。

(5) 小括

以上、東宮行啓から一九二〇年代末までの能登における郷土研究を、四つほどの潮流に分けて概観してきた。ここで、簡単にまとめておきたい。

第一に、明治四二年の嘉仁親王行啓が能登における郷土研究の目覚めをもたらしたことを強調しておかなければならない。記念出版として刊行された四書のうち『七尾町誌』は、口碑の記載こそ無いものの畠山家を顕彰する志向が顕著であり、また嘉仁親王が実際に台覧された大地主神社青柏祭の曳山にちなんでなのか、青柏祭を七尾町を表象する祭礼と位置づけていた。大地主神社自体が当時村社であったにも拘わらず、である。『七尾町誌』の段階で既に青柏祭と畠山家とが結びつけられていたことにも、留意すべきであろう。皇太子のような貴人に郷土の何をご覧頂くか、何を郷土の誇りに出来るのか、という考察の結果がそれだったのだろう。

第二に、本節では（3）としてまとめた観光というファクターおよび史蹟名勝天然紀念物保存法の制定も、東宮行啓とは少し異なる観点からではあるが、外部からの視点を意識して郷土を捉えようとする方向性を産み出したと考えられる。先には石衝別命陵墓、總持寺、穴水城、石動山や七尾城などを例としてあげたのみであるが、上記のような史蹟顕彰や観光という視点により、能登各地の文化資源が他にも多く見出された。山田毅一『能登半島』（一九一三年）や黒本稼堂『能登巡杖記』（一九三二年）は、そうした数多くの文化資源に注目することで、能登全体を景勝地として顕彰していた。

第三に、本節では（2）（4）としてまとめた小学校教員による郷土研究の流れがある。それが、柳田らによる『郷土研究』誌の影響とは、おそらく無関係であることも述べた。とくに『能登島地方誌』（一九一二年）および『七浦村志』（一九二〇年）には豊富なフォークロア・データが収録されており、そうした動向は一説に小学校教員からの情報提供によるとされる『鳳至郡誌』『珠洲郡誌』（一九二三年）を経て、自らが鹿島郡の代用教員であった小田吉之丈を中心とした『鹿島郡誌』（一九二八年）に結実した。

さらに、こうした動きが一九三〇年代の郷土教育に継承されてゆくと考えられる。

三　一九三〇年代の郷土教育関連テキストに描写された能登の宗教・民俗事象

この時期については表2にまとめたうえで、代表的な郷土教育関連テキストについて郡毎に概観したい。表1の一九二〇年代までと比べると、明らかに関係する出版や事項が増えていることが分かる。

具体的な考察に入る前に、この一〇年のはじまりの年である昭和五年（一九三〇）について見ておく。同年は、当時の文部省が師範学校に対して二箇年に渡って郷土研究施設費を交付し、郷土教育を本格的にスタートさせた年であった。さらに、尾高豊作（刀江書店社主）と小田内通敏（この年より文部省嘱託）らによって、民間団体ではあるが郷土教育連盟が設立されてもいる[12]。

以上を踏まえ以下では、能登四郡それぞれの郷土教育関連テキストを郡毎に見てゆきたい。そのうち、四郡それぞれの代表的な郷土読本については、表3に目次を示しておく。

和暦	西暦	能登の郷土研究に関連する事項・著作	世界・日本の動き（含・郷土研究、郷土教育）
昭和5	1930	加越能史談会『史蹟標榜誌』（羽咋・鹿島・鳳至３郡の史蹟を含む）	ロンドン軍縮会議／柳田國男『蝸牛考』／小田内通敏『郷土地理研究』
昭和6	1931	石川県図書館協会「加賀能登郷土叢刊」刊行始まる。その一として『能登名跡志』刊行／日像上人銅像除幕式が七尾町小丸山公園で挙行（北國新聞 5.1）／大橋吉造ほか『郷土教育研究』（鹿島郡徳田尋常小学校の校長・訓導による研究）	満州事変／柳田國男『日本農民史』
昭和7	1932	国鉄七尾線、穴水まで開通／大橋吉造（編）『鹿島読本』／羽咋郡教育研究会『羽咋郡郷土読本』／羽咋郡柏崎小学校『柏崎読本』／穴水町『郷土資料』／石川県児童研究会の創作童話集『こがねの水』に、旧鹿島郡域の「りゆずのふしぎ」、旧珠洲郡域の「三びきのあぶ」、旧鳳至郡域の「長太むじな」掲載／石川県図書館協会『能登路の旅』／黒本稼堂『峨山越記』	満州国成立／血盟団事件、五・一五事件／柳田國男「食物と心臓」『秋風帖』『女性と民間伝承』／小田内通敏『郷土教育運動』
昭和8	1933	日置『石川県史』第５篇（能登を含む史蹟名勝の写真掲載）／七尾高等女学校『郷土誌読本』／羽咋郡中甘田小学校『中甘田村誌』	日本・国際連盟脱退／独でヒトラー政権／柳田國男『桃太郎の誕生』／小田内通敏『郷土研究図譜　村落篇　長野県』『同　栃木県』
昭和9	1934	石川県児童研究会による創作童話第２集『ぎんのお山』に旧羽咋郡域の「みがわり観音」、旧鹿島郡域の「猿神退治」、旧鳳至郡域の「猫の島」が掲載／加越能史談会の雑誌『加賀文化』創刊(-1940)／小寺廉吉、山村調査の一環として珠洲調査を行う／羽咋郡教育研究会『郷土地誌』／羽咋郡福浦小学校『郷土調査』／石川県図書館協会『続能登路の旅』／山下久男『江沼郡手毬唄集』	満州国帝政へ／木曜会の山村調査始まる(-1936)、柳田國男『一目小僧その他』
昭和10	1935	国鉄七尾線の穴水・輪島間全通(-2001)／穴水町役場『風光の穴水』（沿革、主な史蹟景勝地などの案内）／山下久男『江沼郡昔話集』	民俗学講習会（石川県より山下久男参加）→民間伝承の会結成へ
昭和11	1936	長岡博男、東京での勤務医を経て金沢で医院開業／柳田國男、講演のため来県／宮下儀一『珠洲郷土読本』／清水一布『能登部町誌』／黒本稼堂『峨山道再訪記』／田中六左衛門『観光の輪島』	二・二六事件／小田内通敏の指導による『山梨県綜合郷土研究』
昭和12	1937	金沢民俗談話会発足（長岡博男と山下久男らによる）／森田平次『能登志徴』上巻が石川県図書館協会から刊行／柳田國男門下の大間知篤三と大藤時彦が、石川県図書館協会の招聘により町村誌の編纂について金沢市内で講演	盧溝橋事件（支那事変）／『山村生活の研究』刊行／海村調査開始(-1938)
昭和13	1938	清水小間『鳳至読本』／中谷藤作『黒島村小史』／森田平次『能登志徴』下巻が刊行／石川県図書館協会『町村史編纂の栞』（柳田國男が「小序」執筆、大間知篤三「郷土資料の採集」などが収録）	国家総動員法公布／小田内通敏『風土　日本の研究基準』
昭和14	1939	石川県に満州国の土地の分割が決定したので、町野郷、鹿西郷などを建設、900戸3600人を送ることになった（北國新聞1.28）／国民精神総動員石川県連盟が組織（同8.22）	ノモンハン事件／ナチスドイツのポーランド侵攻により第２次世界大戦始まる／小田内通敏の指導による茨城県、秋田県、香川県の『綜合郷土研究』が刊行

表２　1930年代の郷土教育を中心とした能登の郷土研究

鹿島読本(1932)	羽咋郡郷土読本(1932)	珠洲郷土読本(1936)	鳳至読本(1938)
1 国分寺の跡	1 郷土羽咋郡	1 珠洲郡	1 我が郷土(1)
2 曳山まつり	2 気多まうで	2 須々神社	2 猿山燈台
3 長谷川等伯	3 村松標左衛門	3 宝立登山	3 長谷部信連
4 汽車の旅	4 羽咋町だより	4 大伴家持	4 輪島案内
5 万葉集に現れたわが郡	5 妙成寺	5 植物採集	5 舳倉行
6 石動山	6 戦場端で	6 平時忠	6 俳句
7 放送「鹿島郡の特産物について」	7 富来の馬市	7 九十九湾あそび	7 山廻り
8 七尾湾めぐり	8 海岸めぐり	8 俳句	8 長兄弟
9 戯曲「城山落城」	9 峨山禅師	9 法住寺	9 切籠祭
10 和倉だより	10 末森合戦	10 珠洲郡の産業	10 猿鬼
11 久江村「道閑」	11 神代川	11 寒厓翁	11 阿武松緑之助
12 親王塚	12 能登鉄道唱歌	12 飯田の市	12 總持寺
13 大漁	13 邑知潟	13 引砂の三右衛門	13 久田船長
14 六年生座談会	14 宝達山	14 父の話	14 漁業の宇出津
15 てんぼ大須古	15 血書般若経	15 狼煙の燈台	15 鰤網
16 七尾みなと	16 羽咋郡の産業	16 若山川	16 長太狢
		17 短歌	17 寒雉の釜
		18 スキー	18 歌御会始預選歌
		19 葛原秀藤	19 我が郷土(2)
		20 落城	
		21 鰤網	
		22 石膏山だより	
		23 動物雑話	
		24 藻寄行蔵	
		25 金沢まで	
		26 郡の歴史的概説	

表3　能登4郡の郷土読本

（1）鹿島郡

ここで鹿島郡から概観を始めるのは、大橋吉造という同郡の教育者が郷土教育に活躍したことが分かっているからである。彼の経歴は不詳だが、一九二八年の『鹿島郡誌』の教育パートを担当した他、雑誌『ノトベ教育』（石川県鹿島郡能登部教育会編）を一九二〇年代後半に編纂してもいた。同誌は昭和四年（一九二九）に第三号を刊行している。

郷土教育研究

その大橋吉造が中心となって編纂された書の一つが、『郷土教育研究』（鹿島郡徳田尋常高等小学校、一九三一年）である（写真3に表紙）。発行者は大橋が校長をしていた小学校であり、全二四六頁もある。執筆者は校長であった大橋および複数の同校訓導であり、小田吉之丈が一部の記述に助力した旨の記がある。

大橋は同書冒頭の「新郷土教育勃興の動因と其の使命」で郷土を定義して、「単なる地域的存在」ではなく「生命の母胎としての生活地域」と位置づけている（二頁）。さらに、郷土教育を「郷土による教育」と「郷土への教育」から成るとし、後者を「郷土を浄化し、郷土を開拓してよりよき郷土の建設に参加し貢献せしめやうとする教育」とする（三頁）。

写真3　『郷土教育研究』表紙

こうした郷土の開拓・建設について大橋は、「新郷土の建設へ」と題された項目（一四頁）で次のように述べている。

> 郷土の認識は認識のための認識であつてはならない。よりよき新郷土を建設のための認識でなければならぬ。新郷土建設の根底となり、基調となり、動力となるべき認識でなければならない。

勿論新郷土の建設の如きは現在の兒童に望む得べき事ではないが、郷土の正しき認識によつて、やがては兒童の小さい胸に憧れの新郷土を仄かに描き、他日郷土の新勢力としてよりよき新郷土の建設に参加し貢献し得るものたらしめなければならない。（後略）

大橋の言説においては、引用箇所の直後に「郷土愛の滋養」（同上頁）という表現が出るものの、「吾人の郷土教育に求むる郷土愛は、郷土を以て生命の母胎とし、自我の一部として、これを荘厳しこれを新生せしめやうとする郷土愛である」（一五頁）と位置づけられている。つまり、そこから愛国心の滋養に至ることは全く目指されていない。これは、大橋以外の執筆者の稿でも同じである。

鹿島読本

続いて、その大橋吉造の編著になる『鹿島読本』（鹿島郡教育研究会、一九三二年）について見たい。目次については表3の通りであるが、大雑把に以下二つの特徴があるのではないかと考えられる。

一つは、国民国家との関連づけを古代の皇統との関わりに遡及して求めようとする志向性である。例えば、以下のような記述が見られる。引用末尾の丸括弧内が頁数と項目名である。

その昔、聖武天皇さまは、大へんに佛教を御信仰遊ばされたが、おんみづから御信仰なさるばかりでなく、諸國に國分寺を設けて、佛教を日本中へおひろめになりました。（二頁、「一 國分寺」）

今から二千年前、崇神天皇の六年、方道仙人という方が始めてこの山にお宮を建て、神代の寶劍を祀つたのがはじまりで、随分古いものです。方道仙人は垂仁天皇の皇子である誉津別王の御病を、祈祷によりておなほしたといふ話から考へても、中々立派な方であつたにちがひありません。（四七頁、「六 石動山」）

神代のころ能登比咩神と申す神様が、この地で麻糸を以てきれいな布をお織りになつたのがはじまりで、その後、崇神天皇の皇太子大入杵命の皇女、渟名城入比咩神さまが、御父君と、もに此地へおいでになつた時に、さらにきれいなものを織ることを、この地方の人に教えて下さったのだとつたへてゐます。（五四頁、「七 ラジオ放送『鹿島郡の特産物について』」）

（崇神）天皇はこれをお聞きになつて、深く御心配にならせられ、何とか救はねばならぬとの大御心から、第七の皇子、大入杵命をおつかはしになりました。（九九―一〇〇頁、「十二 親王塚」）

特徴の第二は、郷土の独自性を見出そうとする志向性だと考えられる。以下に例を示す。

そして畠山満則が、守護になった時、曳山に、畠山の紋所「丸に二匹」を用ひることを許されて盛大になり、それが今につづいてゐるのださうです。（一三頁、「二 曳山まつり」）

等伯は七尾の生れで、わが縣が生んだ著名の画家で、門弟など甚だ多く、長谷川流と稱へたものも、十余家に及んだとのことであります。（二八頁、「三 長谷川等伯」）

いやしくも城山に生をうけたもの、城山に育つ者、これ皆畠山の禄を食む者であるぞ。（八四頁、「九 戯曲『城山落城』」）

引用のうち三番目の城山合戦は、戦国末期の上杉勢と畠山家との争いである。

この第二点のように畠山家と長谷川等伯とをクローズアップするのは、『七尾町誌』と同じ郷土認識だと考えられる。第一点については、だからといって国体への忠誠が強調されていないことに注目しておきたい。

郷土誌読本

さらに、『郷土誌読本』（鹿島高等女学校香島会、一九三三年）について見たい。編輯は柳守一とされているが、この人物も詳細不明である。なお、表紙には『郷土研究　第二輯』とある。年中行事（六〇―六五頁）や邑知潟の毒蛇退治伝説（六九―七三頁）、妙観院の龍頭の鐘（七六―八〇頁）ほか、地名伝説、涌泉伝説、七尾の猿神退治譚など、口碑を数多く掲載している。しかし、「妙観院の龍頭の鐘」が石川県内で編纂された創作童話『こがねの水』（一九三二年、表2参照）からの引用であるように、読本作者がオリジナルに採集した口碑はほとんど掲載されていないと考えられる。

また語り口も、尋常小学校の児童を対象とした『鹿島読本』が、学童が関心を持つようにやさしく語りかける文体であったのに対し、伝説や口碑であっても些か注入主義的に羅列されている感がある。例えば、怨霊伝説（八八―九〇頁）の項では、冒頭の「虚空蔵坊」が次のように始まっている。

> 今から七百年前、大三階（おほみかい）（高階村）の虚空蔵山に虚空蔵寺という大寺院があつた。或時この寺の小僧が、満仁の摩尼殿へ和尚の書状を持つて出掛け、途中誤つて書状を失つた。小僧は終夜捜し求めたが遂に発見出来ず、哀れにも半狂乱となつて河に身を投げてしまつた。（後略）

伝説の冒頭を見ただけだが、先に引用した『能登島町誌』および『鳳至郡誌』に載る別々の猿鬼退治譚と対照的に、要点だけで進められていることが理解できると思う。

もっとも、郷土誌部分で前田氏藩政が短いのに比べて畠山氏が長いこと、人物で長谷川等伯がクローズアップされることは、『七尾町史』『鹿島読本』を継承してはいる。

（2）羽咋郡

同郡の郷土教育については、先にも参照した川良雄『郷土の書物』によれば、大正一五年（一九二六）に小学校の教授参考の為に西川嘉一郎という人物が『羽咋郡郷土誌』を県教育会羽咋郡支部より著し（表1参照）、それは「羽咋郡の地誌」だったらしい。しかし、国立国会図書館および石川県内の公共図書館に架蔵されていないので、ここで触れることはできない。

他にも九学会連合『能登　自然・文化・社会』（平凡社、一九五五年）の文献目録には、四九九頁に羽咋郡の郷土教育に関連すると思われる文献が、さらに四種ほど掲載されている。刊行順に羽咋郡柏崎小学校『柏崎読本』（一九三二年）、羽咋郡中甘田小学校『中甘田村誌』（一九三三年）、羽咋郡郷土教育研究会『郷土地誌』（一九三四年）、および羽咋郡福浦小学校『郷土調査』（一九三四年）である。このうち『中甘田村誌』については、『郷土の書目』に同村の「村誌」とあるのみで、他の三冊については言及されていない。逆に、九学会連合『能登』には西川嘉一郎の『羽咋郡郷土誌』について言及がない。

ともあれ、『柏崎読本』以下四冊も同じく公共図書館などで確認できなかったため、割愛せざるをえない。そこで、ここでは羽咋郡郷土教育研究会の編による『羽咋郡郷土読本』（羽咋郡教育研究会、一九三二年）のみ参照することにした。

羽咋郡郷土読本

同読本は奥付に著作者の代表として佐藤勇吉とあるが、これも他の郷土読本の編著者と同じく詳細不明である。各章に「学習問題」が付いているのが特徴であろうか。この他、二つほど特徴的な点をあげてみたい。

第一に、寺社や仏教関連の言及が比較的多いと考えられる。例えば、気多神社（二　気多まうで）、羽咋神社（四　羽咋町だより）、妙成寺（五　妙成寺）、峨山（九　峨山禅師）、宝達大権現の祭礼（十四　宝達山）、豊財院（十五　血書般若経）、などが言及されている。

このうち、「二　気多まうで」では気多神社の祭神について、以下のように述べられている（同書一四頁）。

昔大國主命がのとにもたくさん悪者共がゐたので、それを平定するため遠くいづも地方からおいでなされたといふが、邑知潟にゐたをろちを討ち平げなされた御やうすなど、どんなにりつぱで勇ましい事だつたらう。或は又四つの神宮寺や馬場などのそなはつてゐたころの境内は、どんなにそう大なものだつたらうなどとつゐおくにひたりながらお堀の前にたゝずんだ。（後略）

また「十四 宝達山」では、次のように「宝達大権現のおまつり」が描写される（八〇頁）。

四月二十三日、今日はこの山の守り神、宝達大権現のおまつりである。ふもとの村々ではごぜんさままつりだといふので、一日の仕事を休み、おはぎなどこしらへて祝ふ。そして足だつしゃなものはみな朝から山のぼりをする。遠くは高松・木津あたりの漁師の家族までがのぼる。（後略）

見られるように『鹿島読本』より漢字が少な目であるので、低学年向けだったと考えられる。

なお、九で触れられている峨山（がざん）禅師は、現在の羽咋市内に立地する永光寺（ようこうじ）の住持を務めていた際、旧・鳳至郡門前（現・輪島市）の總持寺（現・總持寺祖院）の住持も兼務しており、両寺を一日のうちに往復したという「峨山越え」の伝承で知られていた。(14) 前節で言及した黒本稼堂もそれについて著作『峨山越記』（稼堂叢書刊行会、一九三二年）を著していたことは、表2に示した通りである。しかし、永光寺が当時鹿島郡に含まれていたためか、寺としては触れずに峨山禅師としてとりあげたものと思われる。

とはいえ、表3のように永光寺は『鹿島読本』にも取り上げられなかった。その理由を、同寺に北朝関連史蹟が多い為ではないかと推測しておく。おそらく同じ理由により、大正一三年（一九二四）の『石川県史蹟名勝調査報告』第二号でも永光寺が触れられなかったのではないだろうか。

第二に、『鹿島読本』と同じように古代における皇統との関わりが参照されている。上記の「気多まうで」の引用箇所における大國主命がその一に相当するが、他にも「四　羽咋町だより」に以下のようにある（二三―二四頁）。

> 昔まださびしい里であつた頃夜な夜なあらはれて人民をくるしめる大きな恐ろしい悪鳥がをりました。此のはなしが天皇のお耳にはいり皇子をおつかはしになりました。お名は磐衝別命（いわつきわけのみこと）と申しお力の強い立派な方でありました。（後略）

この石衝別命の墓については、前節で観光案内の一として紹介した『羽咋郡案内』の引用箇所でも触れられていたように、既に史蹟名勝としても認知されていた。加えて、鹿島郡における小田中親王塚と同様、羽咋神社境内の磐衝別命墓は明治以降に陵墓として管理されており、尋常小学校の教材として参照されたのは妥当であろう。

この二点の他、他の郷土読本に見られない特徴として、地元の公共交通資産に対する強い思い入れが表出していることが注目される。前節でも観光ブームに関連して触れた能登鉄道について、第二一として「能登鉄道唱歌」が列挙されているのである。その一題目は、以下のようであった（六五頁）。

> 文化いたらぬ能州の　交通産業開発に　つとめたふとき能登鉄道　いざ君ともに旅ゆかむ

「文化いたらぬ能州」という文言が冒頭にあるのには作詞者の郷土観を反映しているのであろうが、この表現に苦情が無かったことにも驚かされる。

（3）珠洲郡

珠洲郡については、先に見た川良雄『郷土の書物』でも九学会連合『能登』でも、宮下儀一（編）『珠洲郷土読本』（珠洲郡教育会、一九三六年、写真4に表紙）しか言及されていない。そこで、ここでは同書についてのみ瞥見することにしたい。

写真4 『珠洲郷土読本』表紙

珠洲郷土読本

編者とされる宮下儀一の素性が不明なのは、他の読本と同様である。表3のように第二六課までであり、頁数の一三四頁は『鹿島読本』と同じであるものの、情報量が能登四郡の読本の中で随一ではないかと思われる。

同読本の特徴の一は、口碑や伝説が挿入される際、読本作者が何らかの話者から聞き取りしたというより、古文書などの歴史文献か古社寺で正統化された伝承に基づいていることであろう。例えば、「二 須々神社」は、子どもの兄弟が同神社の社務所を訪ねた際、「神主さん」が語ってくれた話という設定で、源義経が金石の佐武明神（おそらく、現在の金沢市大野湊神社）より出帆した時、須々権現に祈念して凪がおさまった返礼に須須神社に捧げた笛がこれだ、と「源義経が奉納した蝉折笛」が紹介されている（同書八―一〇頁）。

他にも似た語り口として、「九 法住寺」では、この寺を子どもと共に訪れた叔父が、「これが袈裟掛松だ。弘法大師が毎朝この川水をお汲みになる時、袈裟をお掛けになつたのださうだ」と甥に語った後、弘法大師つながりで法住寺縁起の概略[15]が『能登名跡志』を参照しながら紹介される。すなわち、大師が唐から投げた五鈷が法住寺の桜にかかっていた、などとされる（四四―四九頁）。ちなみに『能登名跡志』は安永六年（一七七七）の序文があり、金沢の武士であった太田頼資が能登を旅行した際、各地の口碑を集成した文献であるが、表2のように昭和六年（一九三一）という直近に翻刻本が刊行されていた。

第二の特徴は、当地に関わる歴史的人物が比較的多く紹介されていることであろう。四で大伴家持、六で平時忠、十一で寒厓翁（井田寒厓、真脇出身で江戸後期の俳人）、十九で葛原秀藤（珠洲出身、幕末の国学者）などである。他に上述のように、二で源義経、九で空海が言及されていた。

もっとも、鹿島・羽咋の郷土読本で見られた皇統との関連づけは、「二十六　郡の歴史的概説」で大入杵命の北国下向が語られたり（一二六頁）、上記の葛原秀藤の勤王精神が称賛されたりする程度である。これは、史実上も奥能登の珠洲郡では、古代に遡っても皇統と関係づける伝承が見つからなかった為であろう。

また、上記のような伝説や偉人だけでなく、出稼ぎの意義が語られたり（「十四　父の話」）、どちらかと言えば注入主義的に地元産業が紹介されたり（「十　珠洲郡の産業」）など、情報量が多いというより単に高学年向けであるだけかもしれない。

（4）鳳至郡

鳳至郡に関わる郷土教育関連文献としては、『郷土の書物』が穴水小学校『郷土資料』（一九三二年）を「穴水町の郷土誌」として紹介している。しかし、国会図書館・石川県立図書館とも、その所蔵を確認できなかった。観光案内的な出版としては、昭和一〇年（一九三五）に国鉄七尾線の穴水―輪島間が開通したことにおそらく伴い、『風光の穴水』（穴水町役場、一九三五年）、および田中六左衛門『観光の輪島』（輪島観光協会、一九三六年）が出版されている（表2参照）。

ここでは、清水小間『鳳至読本』（石川県教育会鳳至郡支会、一九三八年）のみを瞥見することにしたい。

鳳至読本

この読本の著者とされる清水小間についても、他郡の郷土読本と同様に人物像は分からない。

総頁が八二頁と、能登四郡の郷土読本の中で最も薄い。また出版された昭和一三年（一九三八）は前年に盧溝橋事件が起こって日中戦争が始まっており、同年には国家総動員法が公布された（表2参照）。そのせいか、同書には「皇室の御仁慈」（八頁）や「皇国のため」（八二頁）といった、それまでの郷土教育教材とは異なる表現がしばしば見られる。また、八一頁に忠魂碑の写真が掲載されているように、他三郡の郷土読本とは若干異なった趣の読本となっている。

宗教プロパーの項目としては、筆者がかつての編著『郷土再考』で参照したことのある「十二　總持寺」[16]が代表であろうか。「僕」と「ねえさん」との対話で、總持寺が明治三一年（一八九八）の火災により後に鶴見に移転したのを、姉が「勿論この辺の人達は、躍起となつて反対しました。でも、曹洞宗の将来を考へて見れば東京近くの方がいゝだらうし、又皇室の御安寧を祈願し奉る道場であつて見れば尚更でせうね」と説明する。それに対して弟が、「でも惜しいなあ」と答えている。[17]

フォークロア的な語りとしては、「十　猿鬼」と「十六　長太狢」がある。前者は先に引用した『鳳至郡誌』の猿鬼退治譚[18]を子ども向けにやさしく語り直したもの、後者も創作童話集『こがねの水』[19]で子ども向けの童話として再構成されている。木樵の長太が殺したむじなの妻が現れ、長太を殺そうとするが観音のお守りのせいで果たせず、亡夫の為の読経を彼に依頼するといった話。

「九　切籠祭」は祭礼を描写したものではなく、かけ声と考えられるもの（「切籠だ切籠だ、いやさかやつさい」等など）を書き連ねたものとなっている。

口能登の郷土読本で強調されていた郷土と皇統との繋がりは、珠洲郡の郷土読本同様に見られない。もっとも、上記のように總持寺の項目で「皇室の御安寧」（五四―五五頁）という語が出てきたり、芝居の台本という形式の「三長谷部信連」で信連の忠臣ぶりが描かれたりはしている。

また「四　輪島案内」での漆器業の紹介、「十四　漁業の宇出津」など、産業に関わる記載は高学年向けと考えられる。「十五　鰤網」は『珠洲郡郷土読本』の「第二十一課」にも同名の項目があったが（表3参照）、当時の奥能登における主要産業だったのであろう。

（5）小括

一九三〇年代における能登の郷土教育の小括として、各々の読本に表出する郡毎の違いおよび共通性について、まず見たい。

鹿島郡では前田家の治世に比べて畠山氏と長谷川東伯が称讃され、鹿島・羽咋両郡とも皇統との関連を意味する古伝承が重視されていた。珠洲・鳳至郡では宗教や民俗と直接の関係は無いものの、漁業など地元産業に関する記載が比較的多めであった。

四郡全体に共通する読本の方向性としては、創作童話に近い語り口の記事を含みながら、学童が郷土に愛着を持つように工夫されていると積極的に評価ができよう。『郷土教育研究』において大橋吉造は、郷土教育の目的を、A郷土愛の涵養、B社会的協調意識の喚起、C創造力構成力の啓培、D全人的生活人の養成、としている（同書一四―一六頁）。四郡の郷土読本の内容がそれらを実現できるものであったかどうかは別にして、大橋の掲げたような理想を目指して各々の読本が書かれたとは云えるであろう。

次に、郷土教育における郷土読本に注目した先行研究との比較を試みたい。

まず、群馬県における郷土教育を通時的に追跡した、関戸明子の重厚な研究[20]を見ておく。郷土読本の内容（目次）

が言及されるのは群馬県教育会による『郷土読本』（一九二九年）であり、歴史および地理を併せた全四四項目が紹介されている。多数の写真、文学的表現の挿入、地形や気象などに関する新しい科学的説明も含まれ、郷土愛の涵養という目的に沿ったものだと肯定的に評価されている。

関戸論文ではさらに、この読本以降の群馬女子師範学校の取り組みに焦点が当てられる。昭和七年（一九三二）に「郷土調査要項」が出版され、同県の郷土教育は昭和九年（一九三四）一一月の行幸をピークとするとされる。その際、群馬県師範学校において同女子師範学校と共同で行われた天覧郷土資料が紹介されているが、その資料は項目があげられているだけなので細部は分からない。とはいえ、これを契機として群馬県の教育界に日本精神や敬神崇祖が大きな意味を持つようになったという。そして、時局と共に一九三〇年代後半には郷土愛は祖国愛に拡げる必要があるとされるようになり、郷土教育は皇国民の基礎的錬成を目的とする国家主義的教育に包摂されていった、と結ばれている。

もう一点、本稿でもとりあげた『鹿島読本』についての先行研究を見ておきたい。市田雅崇が、同読本の「七ラジオ放送『鹿島郡の特産物について』」と「十二　親王塚」を取り上げ、両者において土着の論理が国家の論理に回収されたと位置づけている。[21]簡単に市田の所論を見ておきたい。

まず、七のラジオ放送に関しては、能登上布の起源を能登比咩神としたうえで、先にも引用したように渟名城入姫命が「更にきれいなものを織ることを、この地方の人びとに教えてくださつた」とする箇所（同読本五四頁）に関して、「中央」から「此地へおいでになった」皇族神の方が土着の神（能登比咩神）よりも神威に勝っていることが記されている、とする（市田論文二三―二四頁）。

親王塚（写真5）については、能登比古神に関する土着の物語が省略され、皇子である大入杵命が「花の都」から

「はるばるとこの草深い能登の国、鹿島の地へおくだり」になって悪病と賊から民を救った、それを埋葬したのが親王塚だ、という記載が注目される（同二二三頁）。さらに、親王塚に近接する亀塚の伝説が触れられる箇所で、「この地のおばあさん達が、かうした亀塚の話を子供等に言ひつたへてゐますが、たぶんこれは、命の御家来か、或いは命がお用ひなされた品物を埋めてあるとの事です」なる文言について、これを「ムラの伝承」と推測し、「そうしたムラの伝承を語る人の話は学校教育の場で教えられる知識に回収されてゆく。そして近代国家を象徴する大入杵命の物語にすり替えられ、正統化されてゆくのである」と位置づけている（同二二四頁）。

写真5　親王塚

いささか図式的な立論だが、親王塚については市田自身の論の一八頁で、幕末頃から国学者によって大入杵命と結びつけて考えられるようになったと記されているので、大入杵命の物語をムラの物語に対峙する国家的なものと位置づける市田論文の論旨は、矛盾しているのではないだろうか。

ともあれ、市田が土着―国家という枠組を立てていたのは、郷土愛を経て愛国心を醸成するために行われた悪政、といったこれまでの郷土教育に関わる通説を踏まえているのかもしれない。同論では、郷土読本の刊行を含む郷土教育を「日本精神の体得を目指す国粋主義的な意図から出たもの」と断定する記述さえある（二二一頁）。しかし、先に見た関戸論文における群馬県の事例のように一九三〇年代においてさえ郷土教育の方向性は微妙に変化しているのであり、少なくとも本節で検討した一九三一および三二年における鹿島郡の小学校長・大橋吉造の言説に関する限り、国民国家に滅私奉公する人材を育てる為に行われた悪しき教育、といった旧来説とは異なるものであったと筆者は考えている。

四　結び：郷土研究の時代とその終焉

以上の考察のまとめとして、三点ほど指摘して結びとしたい。

第一点として、郷土研究の担い手と、彼らによって見出された郷土について。郡誌編著者のうち和田文次郎および日置謙は、いずれも中退であったが東京で大学生活を送っていた。小田吉之丈は、『鹿島郡誌』や加賀藩農政に関する郷土史を執筆する一九二〇―三〇年代には故郷の鹿島郡高階村に戻っていたが、若い頃には大阪に出ていた。郷土読本の編著者のほぼ全ての経歴が不明であるものの、大橋吉造に関しては『郷土教育研究』においてシュプランガー（E.Spranger）を参照しているように（同書七頁）、同時代のドイツ思潮からの影響がうかがえる。つまり、これら郷土研究・郷土教育の石川県内における担い手たちは、郷土外部の視点を有していたことになる。加えて、本稿第二節で東宮行啓から一九二〇年代までの郷土研究について小括したように、この時期において既に皇太子という貴人および観光客という外の視点を意識しつつ、誇りうる郷土の文物（現代風な用語では、文化資源）を見出そうとする試みが行われていた。

以上により、日露戦後から一九三〇年代までの能登における郷土研究は、外からの視点を考慮することにより見出された郷土を研究し、かつ顕彰しようとする志向性のものであった、と纏めることができよう。これは、筆者の編著『郷土再考』の観点に通底するものである。(22)

第二点として、郷土研究・郷土教育を含み込む大きな文脈について。一九三〇年代についての前節では郷土教育に焦点を絞ったため触れなかったが、一九三〇年代は石川県において郷土史的な郷土研究が盛り上がった時期でもあった。例えば和田文次郎によって大正四年（一九一五）に立ち上げられた加越能史談会が、和田の歿後に雑誌『加賀文化』を昭和九年（一九三四）に創刊した（一九四〇年まで）。誌名に「加賀」が含まれるものの、能登の事例やそこでの民俗関連事象を扱った論考も同誌に掲載された[23]。

また、昭和六年（一九三一）に石川県図書館協会が「加賀能登郷土図書叢刊」を刊行し始め、昭和一七年（一九四二）まで計五五冊を刊行した。能登の宗教や民俗の研究に関しては、既に触れた『能登名跡志』の他、藩政末期から二〇世紀初頭にかけての郷土史家・森田平次による考証論的な地誌『能登志徴』の上下版での翻刻刊行（一九三七―三八年）、近世の紀行文を集成した『能登路の旅』（一九三三年）および『続能登路の旅』（一九三四年）の価値が高いと思われる[24]（以上、表2も参照されたい）。

かつて筆者は、以上のような石川県における郷土史研究の進展の背景の一つとして、和田文次郎による加越能史談会が、本郷の前田侯爵家を拠点として加賀藩政時代に郷愁を抱く人びとが集まった加越能郷友会との関わりを有していたことを、指摘したことがあった[25]。つまり、一九三〇年代に石川県内において隆盛した郷土史研究においては、加賀藩政史が大きな課題として求められていたのである。ということは、郡村誌や郷土教育の教科書のような地方行政が関わる刊行物で宗教や民俗に関わる事象が取り上げられることがあっても、そのような流れの中でどちらかといえば付随的な位置づけだったことになる。

しかし一方で、同時代に「郷土研究」[26]を標榜していたのは全国的には柳田國男のグループであり、石川県もそれを熟知していた。というのも、上述の郷土図書叢刊を刊行していた石川県図書館協会が、昭和一二年（一九三七）五月に柳田門下の大間知篤三と大藤時彦を講師として招聘して、「町村誌編纂研修会」を行っているからである[27]。そこでの大間知の講演「郷土資料の採集」については筆者が詳しく述べたことがあるが、[28]他地域における民俗語彙の意味内容と比較しながら、『鳳至郡誌』や『能美郡誌』などの民俗記述を酷評する箇所が含まれていた。

このことから第三点として、日露戦後から一九三〇年代までに進展してきた能登に関する地元での郷土研究と柳田グループの民俗学の相剋、という問題をあらためて考える必要があるだろう。

まず柳田國男が、文部省（当時）の郷土教育を厳しく批判していたことを想起しなければならない。例えば、彼が昭和七年（一九三二）に山形県で行った講演の記録とされる「郷土研究と郷土教育」（一九三三年）において、「文部省系統の人々が唱導せられる所謂郷土研究事業には、各自の郷土の事情を明らかにするを以て、一旦の目的達成と観る風が見えた。さうして山形県下に於ても其方針に基づいて、単に自分の土地の事しか知らない郷土研究者が賞賛せられて居る」と非難している。対して自分たちの目指す郷土研究とは、「日本人が世界の日本史を書くのと同じ気持を以て、郷土人をして自らその隅々に於ける国の過去を、心づかせたいと私たちは企てたのである。個々の郷土の生活を知ることは手段であつた」[29]云々と、国あるいは日本を知る手段としての郷土研究を明言していた。

因みに、柳田が痛罵した「文部省系統の人々」が唱導した郷土研究の代表として、地理学者の小田内通敏が同省嘱託として指導した『綜合郷土研究　茨城県』全三巻（同県、一九三九年）を筆者がかつて検討したことがあるので、比較対象として参照しておく。同書は、他に山梨県（一九三六年）と秋田県および香川県（一九三九年）の分が作成された、同省による「綜合郷土研究」事業の一環であった（表2参照）。

同書の執筆は、師範学校の教師が分担で行ったので玉石混淆であり、調査法にしても、柳田グループのような短期であってもフィールドに滞在して話者からの聞き取りを得るものとは異なっていた。明記はされていないが、おそらく質問紙を県内の学校に送付するやり方で情報を集めたと推察され、二次文献のみに基づいて記載されているパートもあった。

とはいえ、同書の全体的な方向性としては、小田内の後の著作『日本郷土学』（一九四〇年）の表現で「郷土性の地域的差異」を求めること、すなわち府県のような一定の拡がりの地域を「郷土」と捉え、それを構成する各地（郡村など）が、各々の自然、歴史、産業共通などとどう相関しているかを求めるものであった、と旧稿では纏めていた[30]。要するに、柳田が国・日本を知る為の郷土研究という姿勢であったのに対し、小田内が指導した郷土研究は府県をその対象たる郷土と想定し、その下位地域における諸要素の相関を求めるという、それとは正反対の志向を有していたことになる。

これまでに見てきた日露戦後から一九三〇年代までの能登の郷土研究は、小田内通敏のような地域社会（郡村など）を構成する諸要素の相関、といった先端的な枠組にはいまだ至っていなかったものの、国民国家に至るどのような志向も持たなかったので、文部省―小田内的な郷土研究の側に位置していたのは明らかであろう。とくに郷土教育の教科書として書かれた郷土読本は、県の下部単位である郡毎の個性、独自性を描き出そうとするものであった。

それに含まれるフォークロア・口碑伝説の類として、先に参照した鹿島郡能登島や鳳至郡三井村における猿神供犠譚、気多神社平国祭の起源伝承と関わる邑知潟の毒蛇退治譚、珠洲郡法住寺の空海との関わり等々は、それぞれの町村や郡を表象する語りとして引き合いに出されたと考えられる。つまり、柳田スクールのような、日本人の固有信仰に到達するための素材としてそうした口碑が関心を持たれた訳ではない。

郷土読本の類に取り上げられた宗教事象も、羽咋郡のそれのように少なからぬ寺社が取り上げられた場合も含めて、おおむね郷土読本の冒頭で各郡ないし能登国を代表・表象する寺社が紹介されていた。鹿島郡において国分寺、羽咋郡では気多神社（現・気多大社）、珠洲郡では須須神社、鳳至郡では（冒頭ではないが）總持寺であった。このうち須須神社の社格は県社であったが、延喜式内社であるし郡名に社名が使われている。気多神社の社格は国幣大社で能登国一宮であったし、国分寺は『石川県史蹟名勝調査報告』第二号（一九二四年）時点ではまだ史蹟として位置づけられていなかったが、古代において能登国を表象する寺院であった。焼失前の總持寺は、曹洞宗の本山の一つであった。対して、浄土真宗については少なくとも郷土読本の類では全く記述されなかった。真言宗では珠洲郡の法住寺および鹿島郡の石動山、曹洞宗では羽咋郡の豊財院や上述した鳳至郡の總持寺、日蓮宗では羽咋郡の妙成寺がとりあげられていた。したがって、浄土真宗寺院および一向一揆が郷土教育関連テキストで無視されていたのは、学童に供する教材としての選択が働いたということであろう。これもまた、当事者すなわち郷土教育を行う教員が、郷土を表象する寺社と考えた例を教材として選んだということであろう。

こうした能登における郷土研究の反対方向を志向していた柳田國男は、昭和一一年（一九三六）一〇月に石川県を講演で訪れた際、眼科医・長岡博男（一九〇七―一九七〇）や高等女学校教員・山下久男（一九〇三―一九八二）らと会ったらしい。長岡は東京での勤務医時代に柳田に私淑していたとされ、山下は慶應義塾で折口信夫の指導を受けたとのことで、昭和一〇年（一九三五）に日本青年館で開かれた日本民俗講習会にも参加していた(31)。

おそらく柳田は、長岡および山下に対して県規模の民俗研究団体の設立を助言したのではないかと推察される。というのも同年一二月、長岡と山下が金沢市内の喫茶店で相談したとされ、それに伴い翌昭和一二年（一九三七）一月に金沢民俗談話会が始まったからである(32)。両者のうち長岡は加越能史談会の会員でもあったので、郷土史的な郷土研究を全面的に否定していたとは思えないが、金沢民俗談話会の会報第一号の冒頭に山下が書いた「これからの郷土研究」は、文書記録によらずに民譚・伝説その他の伝承から「一般常民の生活」を明らかにしようとする、若々しい気概に溢れた文章であった(33)。

したがって、能登に関する郷土研究の終焉に注目するなら、それは関戸明子論文の云うように国家主義的教育に包摂されたことによるのではなく、昭和一二年における金沢民俗談話会の創設が、その契機となったのではないかと筆者は考えている。先に第二点として見た、大間知篤三が日置謙の郡誌における民俗記述を金沢市内の講演で酷評したのが、その同じ年（同談話会の創設後）であったことも、こうした解釈を補強するのではないだろうか。

注

（1）由谷裕哉「帝都と郷土―曹洞宗大本山総持寺移転と能登門前」（由谷（編）『郷土再考』（角川学芸出版、二〇一二年）。

（2）東宮行啓のスケジュールは、『石川県史』第四編（同県、一九三一年）の一二九三―一三一一頁を参照。能登への行啓は、明治三一年（一八九八）の七尾線開通が前提となっていた。また、この行啓に関わる石川県出身の内務官僚・井上友一の動きを追跡した筆者の旧稿として、由谷裕哉「日露戦後の石川県における文化遺産の顕彰：井上友一を中心として」（『加能民俗研究』第三七号、二〇〇六年）も参照されたい。

（3）前掲注2の他、『鶴駕奉迎録』（金沢市役所、一九一一年）、参照。

（4）和田による残りの五郡誌は、以下の通り（書誌データは刊行年のみ記載）。『江沼誌』一八九九年、『能美誌』一九〇〇年、『石川郡誌』一九〇二年、『珠洲志』一九一〇年、『鳳至志』一九一一年。

（5）和田文次郎の経歴や業績については、『風俗画伯　巌如春―都市の記憶を描く―』（石川県立歴史博物館、二〇〇三年）、を参照されたい。

（6）市川秀和「能登七尾の近代にみる『脱・百万石』と『土着の心』」（『地方史研究』第三六四号、二〇一三年）。

（7）諏訪藤馬については、次の拙稿で少しだけ言及した。由谷裕哉「戦前における大間知篤三と石川県」（『加能民俗研究』第五二号、二〇二一年）、二六頁。

（8）能登鉄道について例えば、寺田裕一『新 消えた轍─ローカル私鉄廃線跡探訪─七北陸』（株式会社ネコ・パブリッシング、二〇一〇年）、五五─五九頁（北陸鉄道─能登線、の項目）を参照。
（9）日置謙については、山森青硯『日置謙先生研究』（一泉同窓会、一九七九年）、参照。
（10）若林喜三郎「解説」（小田吉之丈編著『加賀藩農政史考』国書刊行会、一九七七年）、参照。
（11）由谷裕哉「フォークロアとしての供犠譚：七尾市大地主神社の猿神供犠譚の例から」（『宗教民俗研究』第一四・一五合併号、二〇〇六年）。
（12）伊藤純郎『郷土教育運動の研究』（思文閣出版、一九九八年）、参照。同書は、郷土教育を愛国心滋養の為のもの、あるいは皇国史観の具現と捉えるような旧来説を、覆そうとするものであったと考えられる。
（13）渟名城入比咩神（ぬなきいりびめ）は『古事記』『日本書紀』においては崇神天皇の皇女で、大入杵命は『古事記』にその長兄として出る。『鹿島読本』において、なぜ渟名城入比咩神が兄であった大入杵命の「皇女」と記されていたのかは不明。
（14）佃和雄「峨山道」（『信仰の道（歴史の道調査報告集第五集）』石川県教育委員会、一九九八年）、市田雅崇「郷土の偉人像の構築と郷土史─峨山韶碩と峨山道を事例として」（由谷裕哉・時枝務〈編〉『郷土史と近代日本』角川学芸出版、二〇一〇年）、など参照。
（15）法住寺縁起の変遷については、西山郷史「吼木山法住寺について─史料と縁起・伝承のあいだで─」（『北陸の民俗』第八集、一九九〇年）、参照。
（16）前掲注1拙稿「帝都と郷土」、二四五─二四六頁。
（17）他の郷土読本では教わる学童がほとんど男児で、その者に教える側は父・叔父・兄あるいは他の男性（神主など）であった。それに対し、ここでは姉が弟に教える設定になっている。本文でも留意していたように、他の能登三郡の郷土読本より後の昭和一三年に刊行された『鳳至読本』は、他の読本より国家主義的な傾向が強めであるが、一方でこのようなジェンダー観も見られることは注目に値する。
（18）この猿鬼退治譚の典拠については、小松和彦「猿鬼退治伝説考」（小松〈編著〉『妖怪学大全』小学館、二〇〇三年）、に詳しい。

(19) 石川県児童研究会（編）『こがねの水　加賀と能登おくにどうわ』（石川県図書館協会、一九三二年）、一四一―一五八頁。
(20) 関戸明子「群馬県における郷土教育の展開―明治期から昭和初期まで―」（『群馬大学教育学部紀要　人文・社会科学編』第五一号、二〇〇一年）。
(21) 市田雅崇「ムラの物語と国の物語―能登比古神と大入杵命―」（『加能民俗研究』第三八号、二〇〇七年）。
(22) 本稿冒頭にも記したことであるが、同書収録の拙稿「帝都と郷土」において、能登總持寺が明治三一年（一八九八）に焼失した後、鶴見への移転が内定したとの報道によって、總持寺旧地の門前（現・輪島市）住民の郷土に関する意識が覚醒したことを述べていた。つまりこの場合も、住民が郷土愛を持つことや郷土の文化を顕彰することは自明だったのではなく、外からの影響によってその意識が目覚めさせられたのである。
(23) 例えば、鏑木勢岐「能奥史蹟めぐり」（同誌二号、一九三四年）、同「加賀能登に於ける伝説の系統」（同誌三号、一九三五年）、長岡博男「海士町気質―能登舳倉島の民俗」（同誌一三号、一九三九年）、同「鵜川天満宮の「いどり祭」に就いて」（同誌一四号、一九四〇年）、など。このうち長岡博男は、金沢民俗談話会および加能民俗の会の創設者の一人である。
(24) 石川県における郷土研究の進展におけるこの叢書の重要性、および郷土史家としての森田平次については、由谷裕哉『解題「加賀越中能登」書籍総覧』（金沢文圃閣、二〇一八年）、一〇―一八頁を参照されたい。
(25) 由谷裕哉「井上友一と石川県の郷土史研究」（『神道宗教』第二一四号、二〇〇九年）。
(26) 柳田國男『郷土生活の研究法』（刀江書院、一九三五年）。書名に「郷土研究」は含まれていないが、最初の項目が「郷土研究とは何か」で、次が「郷土研究と文書史料」であった。徐々に「民俗研究」の語も使われるようになるが、本の中ほどにも「我国郷土研究の沿革」なる項目がある。
(27) 講演録は次の冊子として刊行された。『町村誌編纂の栞』（石川県図書館協会、一九三八年）。
(28) 前掲注7拙稿「戦前における大間知篤三と石川県」、三一―三六頁。
(29) 「郷土研究と郷土教育」の初出は『郷土教育』第二七号（一九三三年）で、後に『国史と民俗学』（六人社、一九四四年）に再録。本文での二箇所の引用は、『定本柳田國男集』第二四巻（筑摩書房、一九六三年）、六八頁。
(30) 由谷裕哉「小田内通敏の郷土研究の再検討：『綜合郷土研究　茨城県』に注目して」（『京都民俗』第三五号、二〇一七年）。

（31）山下久男「渋沢先生と私」（『加能民俗』六の一号、一九六四年）。
（32）山下久男「金沢民俗談話会誕生前後」（『加能民俗』四の七号、一九五八年）、同「長岡さんと私」（『加能民俗』編外一号、一九七〇年）。
（33）山下久男「これからの郷土研究」（『金沢民俗談話会報』第一号、一九三七年）。なお、金沢民俗談話会創設に先立って、柳田國男が主催する郷土生活研究所による通称・山村調査の一環として、昭和九年（一九三四）に地理学者小寺廉吉が、珠洲郡若山村（現・珠洲市）で調査を行っている（海村調査は、金沢民俗談話会設立の数箇月後）。小寺は過去に『郷土』誌に寄稿していた論において、土地と人間生活との相互関係として郷土を捉えようとしており、柳田一門のような遠隔地相互で比較可能な上部構造のみに注目する方向性とは異なっていた。小寺廉吉「村の見方」（『郷土　研究と教育』創刊号、一九三〇年）、同「奥能登の生活」（『地理学評論』一一―六、一九三五年）、参照。それに比べて、昭和一二年における金沢民俗談話会の創設は、能登を含む石川県の郷土研究において、他所と比較可能な枠組と知識を共有し、比較の為に民俗資料を採集して（ということは、当該地における下部構造と切り離して）提示する、という柳田的な方向性の一画期を作ったと位置づけることができよう。

能登の真宗民俗と女性
―嫁のコンゴウ参りを中心に―

本林　靖久

一　はじめに　―能登におけるコンゴウ参り―

本稿では、能登地方のコンゴウ参りについて、従来の研究成果を検証し、新たな視点から試論を提示する。コンゴウ参りとは嫁入りした女性が、実家（生家）の親の死後、盆前の一日、実家の手次寺（檀家寺）へ参詣することをいう。寺側では、他家へ他出した人を孫門徒（孫檀家）と呼んで、コンゴウ参りには、孫門徒だけではなく門徒（檀家）も参詣するので、最も参詣人の多い仏事となっている。

ところで、北陸地方は、浄土真宗（以下真宗）の金城湯池と言われ、能登もその一翼を担う地域である。能登半島の真宗寺院の割合は、市町村合併前のデータとして、石川県側の「奥能登の旧珠洲市、鳳至郡では全寺院の七〇％、口能登の旧羽咋、鹿島両郡では全寺院数の八五％を占め」ている(1)。また、富山湾側の氷見市でも、市内の八〇％近くが真宗寺院である(2)。

したがって、コンゴウ参りは、「能登半島中央部・富山県氷見地方で行われている真宗行事」と説明もされるが[3]、真宗以外の他宗旨寺院においても行われている。例えば、真言宗寺院では「金剛会」と称されて法会が開催されているが、真宗寺院では「魂迎」「魂供」という字をあてる場合が多く見られている。

真宗門徒は、「弥陀一仏」の絶対他力への信仰という真宗独自の合理的精神に基づいた「門徒もの忌みせず」といった明確な生活の規範があると言われてきた。真宗の教義に照らしても、真宗寺院のコンゴウ参りに「魂」を当てるのは不自然にも見られる。

このような能登に特有の真宗民俗と言えるコンゴウ参りについて、主体となる嫁入りした女性が、婚姻儀礼を通して、婚家と実家との間において、また、両家の手次寺とどのような関係を築いてきたのかに視点を当て、なぜ、コンゴウ参りが能登の真宗民俗として続いてきたのかについて考察を試みたい。

真宗民俗とは、真宗門徒が地域社会のなかで世代を超えて伝承してきた習俗や慣習などの集合的事象である。この真宗民俗を研究対象とすることは、必然的に真宗と民俗宗教の関係が問題となる。日本の民俗宗教は、祖霊信仰を根底に持ちながら、外来宗教を重層複合的に同化・習合し、現世利益を中心とした呪術宗教的性格の濃い宗教と言える。地域社会における真宗の受容は、「真宗の民俗化」であり、真宗僧侶（寺院）と真宗門徒である嫁入りした女性（孫門徒）がそれぞれどのような意味づけのなかで、コンゴウ参り（真宗民俗）を実践しているのか、その点を留意しつつ論じてゆくことにしたい。

二　コンゴウ参りの先行研究

コンゴウ参りについては、昭和二六年（一九五一）から昭和六一年（一九八六）までに六本の先行研究が提出されている。そこで、時系列にどのような視点で論じてきたのかを述べてみたい。

橋本芳雄は、昭和二六年に「コンゴについて」において、(4)富山県氷見地方に八月七日頃にコンゴという仏事があり、「特に親のなくなった人が参るべきもの」で、「その趣旨は、先祖代々の御恩を感謝し、その冥福をいのる」ことであり、盆の一連の行事としての七夕が仏教化したものではないかと論じている。そのうえで、氷見郡内の浄土真宗、日蓮宗、曹洞宗、臨済宗、真言宗のいずれの寺院でもコンゴ行事を行っていることを報告している。

美濃晃順は、昭和二八年（一九五三）に「こんご追考」で、(5)コンゴ行事は「宝達山脈を挟んでの羽咋・鹿島、能登両郡と越中の氷見郡に限られる」とし、「この地域では盂蘭盆会の墓経が行われないことと、孫檀家（檀家の子女で他家へ縁づいた者）のうち実家の両親の一人を失ったものに限定されている」との二点を指摘している。その上で、お盆の墓参は、節期（盆前の掛売買の決算期）の三日間で、若い嫁の立場においては、「生家と我家との両家の墓参を行うことは、容易なことではない」ので、血縁の一族が集まって「親の恩を謝し菩提を弔う」ために各寺がそれぞれに日を定め、盂蘭盆会の引上として行ったのがコンゴであり、「魂迎」が本来の意味であると論じている。

斎藤槻堂は、能登の事例報告を受け、同年に「武生地方に於ける「コンゴウ」」において、(6)福井県武生地方では各宗派を問わずに、八月一三日の夕方、墓参りをして僧侶に墓経を読誦してもらうが、嫁や婿に行って参加できず、しかも、実家の親が亡くなった人のために一三日以前の一日をあてて、コンゴウといっていることを指摘している。コンゴウは「魂迎」の字を当てる寺が多く、一般の家では「たまむかえ」「たままつり」などという。コンゴウは寺によって、八月一日、七日、一〇日とまちまちであるが、当日は、檀家から外にでている者のうち親が亡くなった者だけが参拝し、四〇〜五〇軒の檀家しか持たない寺でも一五〇〜一六〇人の参詣者となり、子どもや孫を同伴するので、別名「まごまいり」とも言われ、寺ではこの日に参詣者を酒肴でもてなすことが報告されている。

森岡清美は、昭和三〇年（一九五五）に刊行された九学会連合能登調査委員会編『能登—自然・文化・社会—』において、[7]奥能登と口能登における盆の寺参りを比較して、奥能登では、「他家へ嫁した者も生家の親の歿後、毎年八月一五日に婚家から米一升を携えて生家の手次寺へ参詣し、トキ（斎）につく。これをオヤノマイリという。寺からみて当人を孫檀家（孫門徒）というが、孫門徒の制度は口能登ほど整ったものではなく、口能登において盆季の孫門徒の参詣をさすコンゴの語は、ここでは真言宗の金剛マイリにその断片を見出しうるのみである」ことを報告している。

その後、昭和四七年（一九七二）に小林忠雄は「『魂迎参り』について—能登島半ノ浦妙万寺門徒を中心に—」において、[8]真宗寺院の妙万寺では、魂迎参りを七月八日と一一日、そして、一二月二日の年三回に分けて行っており、その担当は寺を支える一〇組の講組がそれぞれに分かれて編成されていることを報告している。とくに一二月の魂迎参りにおいてはお斎となる御膳の宴（コンゴウメシを食すること）が最大の楽しみであり、「行事の中心に食生活の状況を反映し」、コンゴウメシを食べると一週間腹を空かさないと言われる「コンゴウメシナヌカ」も「みたまの飯の意味を含んでいたのではないか」とし、能登の他のお講の事例から「テンコ盛りにしたご飯を食する行事には、信仰行事と食生活の事情を反映し結びついて、本来の行事性を種々に変更させていった観がある」ことを指摘している。

小林は、魂迎参りは、真宗だけではなく、日蓮宗、曹洞宗、臨済宗、真言宗などにも同様な行事があり、宗派を越えて地域的に集中している点から、「本来一定の年中行事として成立していたものが、それぞれの寺院の教義、その他の理由で崩れて、その後、種々の形をとるようになったと推定」している。

昭和六一年（一九八六）に、西山郷史は「真宗と民間信仰の研究—能登のコンゴウ参り習俗を通して—」において、[9]能登のコンゴウ参りの詳細な事例研究を提示している。西山はコンゴウ参りを真宗行事として捉え、まず、名称について、能登地方（石川県側）全域のなかから真宗寺院一〇六ヶ寺を調査し、コンゴウにあてる漢字を調査したところ、魂迎［三七］、魂供［一五］、金剛［五］、魂合［三］、魂倶［二］、魂具・魂仰・魂講・今遇・婚迎［以上一］、そのほか、特殊な例として、縁者参り・イハイマイリ・施餓鬼の例があったという。教義からは、「真宗においても金剛をあてるのがむしろ本来の姿であり、真言における金剛の使用例も併せ、もと金剛であったのが魂迎等に変化していったのではないか」、そのうえで、「『魂』の字が用いられてきた点に、やはり、タマムカエにコンゴウの出発があった」とし、「タマムカエに魂迎えの字があてられ、次の段階で、音読みコンゴウエの展開があった」と指摘する。

また、真宗寺院のコンゴウ参りの開催時期は、八月が最も多く、一月・三月・六月・七月・一一月などに分散し、一月は本願寺派（お西）の御正忌、二月は祠堂経、六月は田休み、七月は盆月の一か月前、八月は盆月の始めである一日・七日盆・盂蘭盆に集中する。西山は八月に開催する地域が口能登である旧鹿島郡と旧氷見郡に集中する背景に、隣接する石動山の八月七日の開山祭（泰澄の御霊祭り）の影響を提示する。また、一一月から一二月は大谷派（お東）の報恩講で、初日ないしは始めの方に集中する。このような開催時期から、コンゴウは祠堂経・報恩講・盆のような大きな仏事の始まりや、命日講などの特別日に営まれていることを指摘する。そして、「それらの仏事は農作業の節目に営まれており、収穫までは親・先祖の加護を期待し、収穫後は宗祖への報恩報謝とともに先祖に報謝し、そのなかで、翌年の実りのための加護を期待する気持ちの働きが見てとれる。その願いは生業を支える中心となる家の願いであり、家の連合である門徒共同体（数門徒団が一緒になってのムラ共同体となることも多い）が形成する地域の願いでもある。こうして見た時、コンゴウは家における親に対する供養・報謝から寺を媒介とした共同祈願の質となっている習俗」であると言う。

以上、コンゴウ参りについて先行研究を時系列に俯瞰してきたが、真宗寺院におけるコンゴウの開催時期の視点から論じようとするとコンゴウの本質が曖昧に見えてしまうようである。やはり、口能登である旧羽咋・旧鹿島郡と富山県旧氷見郡を中心に、七尾市、鹿島郡周辺では宗派を問わずに各寺院で、お盆前の七月下旬から八月上旬に開催されてきた行事であったと言える。また、その行事は亡き両親の追善供養であり、参詣者の主体は、家（「イエ」）を出た嫁（娘）や婿養子（息子）と言った孫門徒である。家長による家の先祖供養としての法要は、例えば、真宗寺院では、永代祠堂経などとして別に開催されている。それでは、なぜ、孫門徒のためにコンゴウ参りがあるのか、しかも、実家の墓に墓参りをすることより寺院の本堂に参詣するのか。その点は氷見地方の事例も参考に論を進めてみたい。

三　富山県氷見地方のコンゴウ参り

ここでは能登半島のなかでもコンゴウ参りが盛んに開催されている富山県氷見地方の事例を考察してみたい。

氷見地方では、お盆は先祖や亡くなった人が墓や家の仏壇へ帰ってくると言われているが、忙しい時期であり、特に他家へ嫁いだ女性はとても実家やその手次寺へお参りに行くことが難しかった。それで日を繰り上げて、盆前の八月一日や八月七日にコンゴウ参りを始めたと言われる。また、檀家の多い寺院では地域別に二、三日に分けて行なっている。

氷見地方のコンゴウ参りは、昼のお斎の後、お勤めと説教になるのが一般である。これを午後型とすると、朝からお勤め、説教に参った後、お斎になる午前型もある。参詣者の多い寺院では午前からお勤め、お斎があって、午後からも勤める午前午後型となる。孫門徒が参るので、真宗寺院では報恩講の時より参詣者が多いという。墓参りはしないのが普通であるが、孫門徒の人で盆に墓参りができない人は寺での参詣後にすませる。

真宗寺院として石川県中能登町にも多くの門徒をもつ氷見市森寺地区の西念寺では、コンゴウ参りを「魂供会」として勤めている［二〇一六年八月七日調査］。近年まで三日間開催され、八月六日は石川県の能登地域の孫門徒が、八月七日は氷見市域や高岡市域などの富山県内に嫁いだ孫門徒が多数参詣した。そして、八月八日は、森寺地区と吉滝地区の孫門徒をはじめ在所の門徒が参詣した。二〇一三年から、お斎の準備をする世話人の確保が難しくなり、八日の日程を六日の日程と合同にして、六日、七日の二日間となった。八月七日は送迎バスを2台出して各地区を回っており、盛大に法要が勤められている。

［写真①］　西念寺のコンゴウ参りでの法話

コンゴウ参りは、午前一〇時半から受付が始まり、門徒はお布施（蝋燭代）をもって受付をすませる。西念寺では、受付前の早朝から、先祖供養と言える永代祠堂経の申し込みがあり、朝から永代祠堂経のお勤めが連続して行われていた時期もあったという。

受付がすむと、午前一一時から一二時まで本堂で客僧による法話となる［写真①］。その後、午後一時一五分まで、二列に飯台が並べられた庫裏で門徒ら参詣者は「お斎（法要の食事）」の膳が振る舞われる［写真②］。大勢の参詣者のため、一番膳、二番膳と入れ替わりになった。近年までは、寺の所有する黒塗り内朱の三段重ねの破篭容器に、世話役である婦人達が台所で料理を準備し、お斎の膳が作られた。下段にご飯、中段に丸揚げと茄子のお平、上段に椎茸・人参・タケノコ・こんにゃくの煮しめやインゲンの胡麻和えなどが出された。また、豆腐とミョウガの清し汁と漬物がついた。最近、世話役の婦人達が高齢で破篭の料理の準備ができなくなり、その部分は仕出し屋に頼んでパック詰めのお寿司に変わった。お斎の膳のあと、午後一時一五分から、本堂で住職が導師として法要が勤められる。八日の法要においては本願寺宗主であった教如上人のご消息が拝読される。午後二時から、午前に続き客僧による法話が休憩をはさんで一時間ほど勤められる。法話の最後に「恩徳讃」を唱和し、住職の挨拶で、この法要を終えている。

真宗寺院におけるコンゴウ参りの法要は、一般の法事と同様な形式で、阿弥陀経の読経のあと法話になる。昭和四〇年代までの法話は、親子や夫婦の人情話や因縁話、滑稽話などを取り入れつつ、真宗の教えに出会う語りが多かったという。特にその当時まではよく見られた節談説教師の語りと節の説教は、笑いと涙があり、聴衆を惹きつけたという。孫門徒にとっても盆前の忙しい時期に亡き親を偲びながらもつかの間の憩いの場になっていたのである。

［写真②］ 西念寺のコンゴウ参りでのお斎

コンゴウ参りは、真宗寺院では孫門徒の参りを中心に行事が開催されているが、能登地方でも石川県側の他宗派寺院では檀信徒のみが参加し、孫檀家の参加は少ないと言われている。(10) 一方で、氷見地方では、他宗派においても孫門徒、孫檀家が参っている。

例えば、浄土宗大栄寺（八月七日）のコンゴウは、昼にお斎があり、午後からお勤めがある。蝋燭代として米二升を持っていく。他所へ嫁に行った人、特に実家の親が亡くなった人は必ずお参りに来る。また、真言宗上日寺（八月七日）の施餓鬼法要（コンゴウ）は、本堂前に施餓鬼棚を設け、霊供膳や夏野菜を供える。檀信徒の位牌を祀り、お斎のあと、修法と法話がある。この日のお斎は寺が接待する。俗に「親のコンゴウ」と言って、親を亡くした人が参る。曹洞宗光西寺（八月一日）の魂向会では、孫檀家の参詣もあって混雑する。お斎をよばれ、孫檀家の人たちは寺の後ろの墓参りもする。(11)

『氷見市史』によれば、(12)コンゴウの名称は七〇の寺院において、魂迎［三六］、魂供［二四］、金剛［七］、その他（魂倶・魂向）［三］となっている［写真③、④］。

［写真③］「魂迎会」の案内の掲示（氷見市内）

［写真④］「こんご会」の案内の掲示（氷見市内）

ところで、西念寺のコンゴウ参りに参加したおりに、本堂で孫門徒に当たる八〇代の数名の女性達に話を伺うことができた。どの孫門徒も最初にコンゴウ参りに参加したのは、実父や実母が亡くなり、実母や義母、あるいは叔母に連れられて参加したと言う。昭和九年生まれの女性M氏は、二〇歳で結婚し、三九歳の時に実家の父が亡くなり、実母に連れられて、初めてコンゴウ参りに参詣し、それから毎年欠かさず参加しているという。「実家のお寺（手次寺）は、子どもの頃、報恩講に祖母や母親と行った記憶があったが、それ以降は行くこともなく、不安な気持ちで参加したが、お斎をよばれ、村から出た友人同士が子どもを連れて集まり、久しぶりに語り合う賑やかな雰囲気が毎年の楽しみになった」と言う。また、コンゴウ参りとは、「親の魂が寺に戻ってくるので娘として供養する日である」と言う。そこには、嫁として、経済的にも精神的にも支えてくれた実の両親に対する感謝や御恩があると語ってくれた。嫁として、当時の姑とのいざこざなども語ってくれたが、現代では考えられない嫁の立場と生活があったことを物語っていた。

四　氷見・能登の婚姻習俗と嫁の生活

『氷見市史』の「民俗編」に、嫁と実家（里）との関係について以下の記述がある。[13]

氷見における婚姻の習俗で特徴的なのは、嫁の里から婚家へ一方的に長期間にわたり贈られるツケトドケと、嫁が長期及び定期的に里帰りをするチョウハイである。このツケトドケとチョウハイをとおして、嫁は実家との縁をいつまでも続けていたが、これは嫁が婚家においていつまでも不安定かつ低い地位であったことと、婿の両親が長期にわたり家の中心的役割を担っていたことが影響していたと考える。

しかし、チョウハイで実家から婚家に帰る時には、餅や嫁の田植え用の作業衣などを持参するなど、実家に大変な負担を求めている一方で、定期的に実家に帰ることによって嫁が精神的な安らぎを得ることができたことも見逃すことはできない。

このような嫁と実家との深い結びつきが、孫門徒として実家の親の死後に実家の手次（檀家）寺にコンゴウ参りをする背景になっていたように思われる。そこで氷見・能登の婚姻習俗から嫁における実家と婚家との関係を具体的に報告してみたい。

(1)　嫁の里帰りとなる「チョウハイ」

氷見地方のチョウハイ（朝拝）は、多くの場合に嫁の母親が婚家まで迎えにきて、婚家に帰る時に母親が餅を五重箱に入れて送り届けた。餅の代わりにまんじゅうを届けることもあった。チョウハイは昭和三〇年代頃までは、年に五回ほど定期的に行なわれ、結婚後、五年から一〇年は続いたという。

初チョウハイは、結婚後初めての里帰りである。婚家から餅を持って行き、実家の親戚や近所に配った。婚家に帰る時には、チョウハイガエリといって実家で作った餅をもって帰り、婚家の親戚や近所に配った。婚家で餅を持たせるのはこのときだけで、それ以後のチョウハイでは嫁の実家の負担であった。春チョウハイは、二月一六日から約一か月間、嫁は実家に里帰りした。そのときには、戦前までは莫蓙やむしろを織って小遣いを稼いだという。

サツキ（皐月）チョウハイは、田植え前に里帰りをした。田植えの一週間前ほどに里に帰り、三日過ごした後、仕立ててもらった田植え用のモンペなどの作業衣を持って帰った。ゴミアライ（ごみ洗い）チョウハイは、田植えが終った後の里帰りである。田植えで汚れた着物を洗うために一週間ほど実家に帰ったが、田植え後の休養も兼ねていた。盆チョウハイは、八月一六日の盆が終わると実家に帰り、一か月ほど実家で過ごす人もいたという。帰る時には、やはり餅を持って帰った。実家が農家でない人は饅頭か菓子を店で買って帰った。そして、クレ（暮）チョウハイは、年末の正月前に里帰りをして、この時に正月の晴着を実家で仕立ててもらって帰る人もいたという。

石川県羽咋市内でも、嫁の里帰りはチョウハイと呼ばれ、稀にセンダクともいう。(14)最初の里帰りは、一番チョウハイ（初チョウハイ）と呼ばれ重視された。婚家先からフルヤ（実家）へ帰る折りにミヤゲカゴ（土産籠）に餅・饅頭をつめて持参し、チョウハイからの帰りには、持参したものの倍以上を持ち帰り、親類・近隣へ配る作法があったという。なお、この一番チョウハイについては、長居りするとよくないとか、月をまたがぬものだとか伝承されている。

チョウハイの時期・期間はムラにおいて年間定期的に決まっていたという。昭和三〇年頃で、①正月チョウハイ（正月初旬から約一五日間）、②春チョウハイ（四月初旬から約十日間）、③田休みチョウハイ（六月初旬から約二〇日間）、④盆チョウハイ（八月中旬で三日間前後）、⑤秋ジマイのチョウハイ（一一月下旬から約二日間）、⑥春秋の祭礼（各三日間程度）。年間七〇日以上となり、頻繁にチョウハイがなされていたことがわかる。

このようなチョウハイは、嫁の寝だめと食いだめのためになされ、その折りにセンダクと称してツヅクリ（衣類の損じたところを修繕する）がなされたという。ちなみに、春チョウハイではサツキ（田植え仕事）の衣裳を整えることに主眼がおかれ、帯・前掛・襷・脚絆・手甲・腰巻等一切のものを整えたという。また、秋ジマイのチョウハイでは、身体のセンダク（心身の休養）もさることながら冬着の用意をしたという。

ともかく、チョウハイにツヅクリが伴っていたがために、ツヅクリモノを包んで行き来するため使用されたのが、木綿の丈夫なイッタンブロシキ（イツハバフロシキともいう）であった。子供があれば背負ったうえでイッタンブロシキを手に持ち、フルヤへ赴くのが、一九六〇年代の高度成長期以前の嫁の姿であったという。

石川県七尾市内でも、里帰りを「チョーハイ」とか「ヘチ」と呼び、初チョーハイ（ヘチ）には、一斗餅を搗いて持っていけば、フルヤからはその倍の二斗程度持ち帰る決まりになっていたという。

『七尾市史　民俗編』には、鵜浦町川尻地区の昭和三〇年代のチョーハイの事例が提示されている。[15] ①春のチョウハイ（二月一六日～三月五日の約二〇日間）、②節句（四月三日～一二日の約一〇日間）、③田植え上がり（五月下旬～六月中旬の約一四日間）、④麦上がり（六月中旬～下旬の約一〇日間）、⑤草バライ（八月一六日～九月中旬の約三〇日間）⑥暮れ（一二月二三日～一月中旬の約二〇日間）。このような時期や日数は家々の事情によって異なるが、一年の約三分の一近くはフルヤに行っていたことが記載されている。また、姑からは「ヨメ（嫁）サが行かんと、娘も呼ぼられん。来るもん（娘）が遠慮する」と言われたという。

⑵　嫁の実家から婚家への「ツケトドケ」

こうした嫁と実家の関係を把握するうえで、実家から婚家へのツケトドケ（付け届け）も経済的に大変な負担であったと言われている。

氷見市では、嫁のチョウハイごとに実家から餅やまんじゅうなどの土産物を持たせたツケトドケは、ほかにも正月・盆・田休みなど、年間を通じてあった。正月には酒、田休みには笹餅、春の祭りには草餅、盆には素麺、秋の祭りには赤飯、年の暮には氷見沖で獲れた鰤というふうに、嫁の実家から婚家へ何度となくツケトドケがされたという。そのため「娘三人もてば、身代が傾く」とさえ言われたという。

羽咋市内でも、昭和三〇年代までは、嫁は結婚して一〇年以上、あるいは主婦権を譲渡されるまでツケトドケを欠さなかったという。昭和五〇年代以降は、嫁入り後二、三年間のツケトドケをするにとどまるという人が多いという。

昭和三〇年代のツケトドケの事例（羽咋市白瀬地区）によれば[16]、まず、正月二日にネントウがある。これには酒二升にアタタキ（紅白の重餅）・鱈ヒトカケ（二匹）を届けるのが普通であった。氏神・門徒寺への参詣を済ますと必ず出向くべきものとされていたという。次に、三月中旬にはセックと称して土産ザルか五重箱に、小豆餅を入れて挨拶に行く。五月五日前後には田休みで、餅を二重程度届けた。そして七月中旬には土用見舞で、キナコかエリ小豆をつけた餅を持参した。八月一〇日前後には盆礼で、素麺に鰹節をつけて届けることが多かった。一〇月初旬の秋のセックには、餅を二重程度届けた。一一月中旬には秋ジマイと称して、やはり二重～五重程度の餅を届けた。また、師走中旬までには歳暮として、一斗鰤とか二斗鰤を持参した。このような定期的なツケトドケとは別に、婚家の在家報恩講のときなどにツケトドケをしたという。

ツケトドケの半分は嫁の実家に返却することもあったが、「隣りのヨメサはもう歳暮を持ってきている。お前もヘダイ（至急）持ってきてくれ」と催促する姑もいたという。

七尾市内でも、ツケトドケは娘を嫁に出すと、チョーハイ戻りのほかにも何度も付け届けを余儀なくされ、「土間から臼を始末する間がない」とまで言われたという。[17] 年間の付け届けは、おおむね、年五〜六回もあった。①年頭（酒・ミカガミ一重ね）、②四月三日（女の節句：「草バツオ（初穂）」草餅）、③六月五日（男の節句：「笹バツオ（初穂）」笹餅）、④中元（そう麺）、⑤歳暮（鱈二尾、後に鰤）。この他、春秋の祭りや土用見舞い（五重に餅や万頭）などもした家もあった。また、ヤマミ土産は、嫁に来た年だけナガマシを配った。笹バツオ・草バツオは後述するウチアゲが終わってから子供が出来るまでか、結婚後二〜三年はした。歳暮・中元は何年か続けたが、歳暮返しをしたなど、ツケトドケの内容や回数、期間には、地域や家によって違いが見られた。

(3) 婿を嫁の実家がもてなす「ウチアゲ」

このように嫁の実家が婚家に気を遣い、ようやく嫁の身分が安定したという意味で行うのが、ウッチャゲ（ウチアゲ）である。結婚した後、初めて婿が嫁の実家に行き、もてなしを受ける。通常は半年から一年ほどたった祭りや正月に行われた。それまで婿は嫁の実家に行くことはなかったという。どんな婿でも嫁の実家では歓待したことの喩えとして、「小便桶、アマ（屋根裏）へあげる（悪臭を発する小便桶を片づけて、婿を迎えるという意味）」と言われた。『氷見市史』[18] では、「ウッチャゲとは婚礼の完了、婚礼の確定を意味するととらえ、結婚後、かなりの年月が経て子どももでき、家にもなじんだと見た婚家の親が、婚姻の成立を認めた時に、嫁の親に告げ催された儀式・祝宴である」という。

戸籍においても、初子の誕生の時に母と子をいっしょに入れることが多かったという。嫁が子どもを生めるか、婚家の家族と仲良くやっていけるか、働き手として役に立つかによって嫁の入籍が決められたようで、嫁の立場がいかに低く、不安定であったかを物語っている。

(4)　婚家と生家で交互に働く「ヒヲトル嫁」

『七尾市史　民俗編』によれば[19]、昭和一〇年代前半の村内婚の古老の例（千野地区）として、「婚家で五日働き、そのあとフルヤへ行って一週間働いた」、「ヒー、なんとか言うた。口減らしでなかったんやろか」ということで「ヒヲトル」という事例が記載されている。「ヒヲトルとは『日傭取る』ということで『稼ぎ』を意味し、嫁は一定期間、婚家と実家で、一日か二日置き、婚家で五日、実家で一週間という具合に、交互に働く例があったという。そして初子が生まれると婿方へ入ったのである。これは労働力としての娘が結婚によっていなくなるという不都合さを補うものでないか」と説明し、結婚の形態は「婿入り婚」か「嫁入り婚」が主流だが、この「ヒヲトル嫁」は、この中間的な結婚形態で、結婚形態の変遷を知る上で極めて貴重な例であると指摘している。

また、コンゴウ参りの盛んな能登島でも、嫁の里帰りに似た習俗として「ヒートリ（日取り）」が伝承されていた。『能登島町史』によれば[20]、「ヒートリは主としてムラ内婚に限られ嫁取りの後、婚家と実家（フルヤ）との間を往復するもので、予め両家の親同志が約束し、三日婚家にいて、次に三日及び二日間フルヤにもどり、再び婚家に行くといった方法で、次第にその間隔を広げて、第一子誕生まで続ける」とある。チョウハイは、地域社会のなかで、どの嫁も年中行事のごとく定期的に一定期間、里帰りをするが、ヒヲトル嫁はあくまで個別的な慣行と言える。

先行研究で小林忠雄が報告した能登島町半浦（半ノ浦）では[21]、ヒートリは明治期までともいわれるが伝承者によっては戦後もあったといわれ、家の状況によって異なっていたようである。『能登島町史』によれば[22]、「半浦ではヒートリヨメサともいわれ、二日行けば二日帰り、三日行けば三日帰るといった方法でかつては第二子誕生までといわれ、入籍もそれまで行なわれなかった。ヒートリ慣行の理由として嫁の労働がきつい（厳しい）ので、フルヤの親は娘かわいさに骨休めさせたいためともいわれるが、家によっては娘の労働力を失って家業が充分できないためとか、フルヤの母親が早くに死んで女手がないためなどの理由もあった」という。そして、ヒートリがなくなってからはヤスミといい、タウエアガリ及びアキアガリを主に一四日～二〇日ほどフルヤに帰り、正月に四～五日、盆は一六日以降にそれぞれヤスミがあり、フルヤに必ず子供を連れて帰ったという。

(5) 嫁の実家における産育と「ウイザンモドリ」

氷見市では、嫁いだ娘の妊娠がわかると妊娠五ヶ月の戌の日に、実家の母親が八尺八寸の晒と子どもの肌着、おしめを持って行った。また、初産の帯祝いの時だけは、豆餅か赤飯も持って行き、婚家ではそれを親戚や近所に配った。初産は、ほどんどの場合に実家のナンド（納戸）で出産し、第二子からは婚家で出産したという。生後七日目の名付けとなるシッチャ（お七夜）では、嫁の実家は膳を用意し、婚家の姑などを招待した。婚家からは子どもの産着と着物（男子なら一つ目の紋付き・袴、女子なら紋付き・帯）を持って来た。ほかにも婚家の親戚や近所の家から祝いの品（産着や反物）を一緒に持って来た。婚家の姑が帰るときに、嫁の実家は饅頭やイリガシ、餅粉などを渡し、婚家では、出産の祝いを持ってきた親戚や近所に配った。

産後五〇日ほどで、嫁（母親）は子どもとともに婚家に帰った。このことをウイザンモドリといった、その時には実家の母親も同伴し、餅や饅頭のほかに、子ども用の箪笥や乳母車、藁で編んだツブラ、子どもの着物や布団などを持って行った。そこで、父親や兄弟、親戚が人足としてついて行ったこともあったという。婚家からシッチャに着物が届けられたら、この日に実家では四つ身紋付きの着物を持たせた。

子どもの一歳の初誕生には、婚家では実家の親を招いて成長を祝った。実家から餅と早く歩けることを願って歩行に関係した下駄や草履、靴などが贈られた。長男の初正月には、嫁の実家から天神様の掛軸、そして、大きな餅（一重ね）と酒を贈り、元旦には、その掛軸を床の間に掛け、実家の両親を招いて祝った。長女の初節句においては、裕福な実家では雛人形を贈る場合もあったという。そして、女の子が三歳になると実家からコロコロ帯が贈られ、男の子が五歳になると羽織・袴が贈られた。

(6)　嫁の立場と主婦権譲渡の「ハンガイワタシ」

このように能登地方では、嫁は「藁八束担ぐまで、フルヤ（実家）の難題」と言われてきた。藁八束とは、火葬に必要な藁で、死ぬまで実家の厄介になることを意味していた。嫁の立場を伺わせる言い回しに、「コチの頭ヨメに食わせ」、「夏風邪、ヨメに引かせ」、「土用ブキ、ヨメに食わすな」、「サバの頭を娘にやれ、コチの頭はヨメにやれ」などがある。アテの葉を焚くとパチパチと音を立てるが、これをヨメオコシ、ヨメオコシタキモンと言ってるが、「ヨメが米をエットルがんでないがか」と疑いをもったという説明をする所もあり、嫁の立場の辛さが伝わってくる。

また、婚家の親は里の親に対しては威張り、里の親はキワラ（下座横のたきもん置場）の隅に座って、頭を下げたまま、はいずり回ったと言われる。嫁は、ハンガイワタシ（主婦権の譲渡）が済むまでは漬物を上げるのも、米櫃に触るのも、蔵に入るのも姑の許可や命令がなければできなかったと言われてきた。

しかしながら、姑の体力が衰えて働けなくなったり、舅が死亡したりすると、特別な儀礼もなく主婦権の譲渡が行われたようである。能登では主婦権の譲渡は、ハンガイワタシ、シャモジワタシ、ショタイワタシなどという。その時期はまちまちで、「三升鍋、五升鍋もシッタテラレンようになれば、ショタイを渡さなだめや」とか、「ツケモン石を上げられんがんになるとハンガイを渡さんならん」など言われた。

こうして主婦権が譲渡されるようになれば、フルヤへ頻繁に里帰りする必要もなかったという。

(7) 親の死と「コンゴウ参り」

実家の親（父親または母親）が亡くなると、実家の手次寺から嫁の婚家にコンゴウ参りの案内が届く。あるいは、実家の母親や叔母から誘われて一緒にコンゴウ参りに行き、それから墓参りをする。その後は、毎年、嫁は実家の手次寺のコンゴウ参りに行くようになる。

五　能登の真宗寺院とコンゴウ参り

さて、コンゴウ参りの成立過程について、大桑斉は、「嫁入りした娘が年に一日実家の寺に参り、実家の先祖へ供養するという意味」は、「寺違い寺檀関係が消滅せしめられたのちに残った遺風とみるべき」として、「半檀家制の遺風」であると指摘した(23)。

半檀家は、民俗語彙としては複檀家とも言われ、複数の寺院と寺檀関係を形成している家である。『民俗大辞典』の「複檀家」の項によれば(24)、「個人ごとに檀那寺を記載する近世の宗門人別改帳のうち、一七世紀後半から一八世紀にかけての関東地方から九州地方までの広い範囲での帳面に複檀家の記載がしばしば見られる。その多くは子供全員が父親の檀那寺に属し、その寺檀関係を結婚その他による家の帰属が変更になっても生涯維持するもの」と記載している。

『氷見市史』には、幕末の複檀家制について報告されている。[25] 慶応二年（一八六六）の加納村の宗門人別帳には、一五八軒のうち「無妻」など五三例を除いた一〇五例の記載があり、嫁にきた者の二五例は実家の檀那寺のままになっている。そのなかには家は西田村国泰寺（禅宗）檀家でありながら「女子共八代々浄土真宗居村常通寺檀家ニ御座候」と記載された事例が二例あったという。また、「幕末においても、村の四分の一もが複檀家制なのである。このような複檀家が未整理の情況の中に、孫門徒の意識とひいてはコンゴウマイリを温存させる背景があった」と指摘している。

能登地方における寺檀制度が近世から近代にかけて、どのような変遷を経てきたのか、その経緯はよくわからない。しかし、氷見市では結婚後、嫁が姑に連れられて、はじめて婚家の手次寺に参ることを「シショウドリ（師匠取り）」といった。[26] ほとんどが嫁ぎ先の報恩講の時に行ない、住職だけでなく参詣者への挨拶も兼ねた。その時にまんじゅうを五重に入れて持って行き、参詣者に配るとともに、寺から経本や数珠などが贈られた。また、七尾市では、嫁に来て間を置かず、寺の参りに合わせて姑と婚家の門徒寺へお参りして挨拶することを「師匠参り」「師匠取り」などといった。[27] 盛装する者や、紋付きの羽織で行き、住職と盃事をする時期もあったという。この時に蝋燭、線香、お仏供米などを持参し、寺からは数珠が贈られた。「シショウドリ」は、一家一寺の寺檀関係が確立するなかで、嫁が嫁ぎ先の寺に所属し、婚家の一員として嫁ぎ先の先祖の祭祀に関わることを、世間に表明する儀式であったと言える。したがって、複檀家制であっても、その関係を断ち切る儀式であったと言える。そうなると、なぜ、コンゴウ参りが続けられているのかが問題となる。

前述した小林論文では、能登島のヒヲトル嫁の習俗は、「生家の娘の労働力の失った損害を補うものであるが、このような背景のもとで娘を生家へ引きつけておこうとする意識が魂迎参り行事にも感じられてならない」と指摘するが、[28] 口能登では、実家の手次寺が嫁いだ娘を引きつけておくことで経済的援助を受けようとした行事としてコンゴウ参りがあったと言える。そこには口能登における真宗寺院の成り立ちと経済的な基盤の零弱さが見てとれる。

昭和二七年（一九五二）から二八年（一九五三）の九学会連合能登調査委員会による能登の真宗寺院の組織と活動を詳細に調査した森岡清美は、奥能登と口能登の真宗寺院の実態を比較し、以下のような指摘をしている。「奥能登では子寺を抱えた大坊が多く、多数の門徒がかなり広く散在しているが、講中組織を媒介として効果的に寺門徒団に結合され、その活動は旺盛である。寺へ参詣する機会も頻繁で参詣人も多い。寺の格式が高く、村落社会では超越的な存在である。それだけに寺に対する寄進に不平が少なくて集めやすい。これに対して口能登では、子寺（ここでは前寺という）をもつ寺はきわめて少なく、通常数十戸の門徒しかもたぬ小坊であって、講中組織も貫徹していない」と両地域の真宗寺院と門徒との関係の相違を述べたうえで、口能登では、「寺へ参詣する者は少なく、ほとんど老人だけとなった。月忌ハジメをつとめる家はすでに一戸もなく、オトリコシも近時著しく不振に向った」と報告する。[29]

そのうえで信仰面においても、「奥能登ではオザこそは真宗的伝統を担う基盤であった。制度化しつつも新しい『お同行』を生み出す地盤なのである。しかるに口能登では、信仰開発の場としてのオザが脱落し、ただ、故人の志としていとなまれる弔イオザ［葬式直後のオザ］と年忌の逮夜のオザのみが残った。奥能登では孫門徒の参詣は重要な盆行事になっていないが、口能登ではコンゴ（魂迎・魂供）として制度化され、寺の重要な収入源となっている。これは亡親の供養にそえて門徒の掌握をはかり、寺院の収入を確保する効果をもつが、宗教活動の中心を先祖の追善に移すことになりやすい。報恩講には参詣しなくてもコンゴには必ずまいる門徒の存在や、弔イオザと年忌オザの残存もかかる線において理解することができる」と、[30]奥能登と比べて口能登の真宗寺院が、肉親の追善供養を強調することによって、他出した門徒を抱えねば経営が成り立たない状況を指摘している。

奥能登では、「嫁を貰うと、婚礼の翌日あるいは報恩講や祠堂経などの機会に盛装させ、姑がこれを伴って参詣し、酒一升位と饅重一箱を携えて住職に挨拶する。これをゲンソマイリといい口能登の師匠ドリに相当するが、師弟関係の設定という意味がそれほど強調されていない」として、その意味するところは、嫁と婚家の檀家寺の関係が弱いからではなく、寺と家との結びつきが口能登よりも密接であるため、あえてシショウドリの儀式を必要としなかったことを主張している[31]。口能登のシショウドリとコウゴウ参りには真宗寺院にとっての「二兎を追う」的な行動が見てとれる。すなわち嫁と実家との関係が強いなかで、婚家の門徒寺としては師匠ドリによって嫁いできた女性を確実に引き入れようとする。その一方で、コンゴウ参りで親の追善供養を強調することで、嫁に出た檀家の女性を引きとどめておこうとする。そこには女性（嫁）を婚家の門徒寺と実家の門徒寺で取り合っているようにも見えるが、嫁にとっては、実家と婚家の二つの門徒寺と生涯つきあっていかなくてはならない状況になっていたと言える。とくに嫁にとって実家の門徒寺との繋がりは、親の死を縁としたコンゴウ参りにおいてであり、親の追善供養として実家の寺に参詣することは日々の宗教行事のなかでも大事であったという。

ではなぜ、真宗門徒は親の追善供養を墓ではなく寺の本堂で行うのか。他宗旨では、本堂に施餓鬼棚を作り、死者の霊を祀るためその戒名を記す位牌や卒塔婆を立てたりするが、真宗では位牌を用いたりはしない。しかし、孫門徒は皆、「親の魂が寺に戻ってくる」という。前述の斎藤槻堂の報告した福井県武生地方の事例は、他宗旨の報告で寺院境内の墓参りをコンゴウと呼んでいる。ところが、能登のコンゴウ参りのように盆に真宗門徒が本堂に参り、そのなかには村外に嫁ぎ、実家の親を亡くして門徒寺に参る行事は能登以外にも見られている。

例えば、富山県五箇山地方では、盆の八月一四日をコンゴウといい、嫁が実家に帰り、仏壇に参るとともに、実家の手次寺（道場）へ参ることを指す。特に前年に親を亡くした嫁は必ず参ったという[32]。寺へ参るときは蝋燭二本と御仏供米を持って行き、本堂でのお勤め後、庫裏でお斎となる。報恩講のお斎は門徒の世話役によって準備をするが、コンゴウのお斎は寺側（坊守：住職の妻）が準備するものだと言われている。一方、晩には各家では嫁に行ったものをみんな呼んで、「死んだ人が来てござる」といって一晩中仏壇に燈明を灯し、夕食をともにすることもコンゴウと言った[33]。

また、滋賀県伊香郡木之本町赤尾地区にある西徳寺の門徒は、八月一三日に本堂で「ハカマイリ」の行事を行っている[34]。ハカマイリといっても家の墓に参ることではなく、門徒が本堂に参る行事である。西徳寺は、もとは一つの村であった赤尾地区と北布施地区がジモント（地門徒）で、当日、ジモントの戸主は、早朝からお斎、そして勤行を行う。お斎の料理はキザミコブの炊いたもの、ナスとキュウリの漬物、ナスの味噌汁と決まっている。坊守は、当日は夜中の二時に起きて料理の準備をする。この後、昼には、タショとエンヅキの門徒がお参りに来る。その時も同様のお斎となり、その後、勤行となる。タショ（他所）門徒とは赤尾・北布施以外の門徒、エンヅキ（縁付）とは赤尾・北布施で生まれて村外へ嫁ぎ、親を亡くした人をいう。エンヅキは必ずハカマイリに帰ってくるものとされていた。

真宗地域には、墓を持たない村（無墓制村落）の事例も見られているが、このような地域の門徒のなかにもハカマイリと称して、お盆は手次寺の本堂に上がって本尊の前でお勤めがなされていることが報告されている[35]。

真宗寺院の本堂が、親の魂が戻ってくる場所として受けとめられてきた背景には、葬儀に檀那寺から借り受ける阿弥陀如来の絵像本尊の影響も大きいと言える。

前述の赤尾地区では、阿弥陀如来の絵像本尊は「リンジュウブツ」として使用されてきたという。また、能登では、真宗寺院へ死亡案内をするおりに、寺によっては「無常仏」を貸し出していた。氷見市における自宅での葬儀においては、お棺を奥座敷の仏壇前に置き、住職が床の間（仏壇の横）の「無常仏様」の前でお経を唱えていた。こうした習俗は、民俗学では「オソウブツ」と呼ばれている。真宗地域のオソウブツ習俗を扱った蒲池勢至によれば[36]、オソウブツとは、「真宗門徒の葬式に際し手次寺から喪家に貸し出される阿弥陀如来の絵像のこと。こうした習俗と絵像本尊を指す」として、「絵像の裏書によると中世末期から近世初期のものも多くあり、かつての道場本尊であった」と指摘する。つまり、オソウブツとは、現在の真宗寺院の本尊である木佛阿弥陀如来像以前の最初に本山から下付された絵像本尊となる。蒲池によれば、絵像が死者の魂の送迎と関係しているとすれば、この絵像は、死者の魂を送り迎える「引導仏」となり、寺院と門徒宅の間を往復する「動座習俗」となる。また、オソウブツが門徒の「惣仏（門徒共有の絵像本尊）」であり、[37]絵像本尊が仏壇成立以前においては共同体祭祀による信仰に関わる本尊であったからこそ、道場が発展し寺院化し、一方で収斂して「家」単位による本尊祭祀としての真宗の仏壇の成立につながる歴史的過程のなかで生み出されたものとみている。[38]

葬儀において寺院の絵像本尊は家に移動し、死者の魂は阿弥陀如来のもとで救い招かれる。その絵像本尊は葬儀が終わると本堂に戻される。能登の門徒にとっても寺の本尊を通して先祖を見る意識が根を下ろしていたと言える。そのことが他宗旨と異なり、盆には家の墓に帰ってくるとされる先祖の霊魂が「魂迎」「魂供」として手次寺の本堂（本尊）に集結し、コンゴウ参りに繋がったと言える。

六　おわりに　―嫁の立場とコンゴウ参りの変化―

能登のコンゴウ参りについて考察するうえで、能登の婚姻儀礼の報告やコンゴウ参りの先行研究をもとに、嫁入りした女性が、婚家と実家との間において、また、両家の手次寺とどのような関係を築いてきたのかに視点を当て、なぜ、コンゴウ参りが能登の真宗寺院の真宗民俗として続いてきたのかについて考察を試みてきた。そのなかで確認できたことと今後の課題を箇条書きにまとめてみたい。

(1)氷見や口能登の女性は、結婚で婚家に入ると、婚家の檀家（門徒）となり、手次寺を護持し、婚家の先祖供養を継承することを求められる。その一方で、実の親が亡くなると実家の手次寺のコンゴウに参詣する。この手次寺が同じ寺となる場合もあれば、違う寺の場合もある。いずれにしても嫁は実家の寺との関係を生涯続けていくわけで、実の両親の追善供養は、婚家の先祖供養と同様以上に大事だったと言える。

かつては嫁の地位が婚家で非常に低く、舅、姑、小姑（夫の兄弟姉妹）に絶えず気兼ねをしながら暮らしてきた。嫁の仕事はきつく、食事の手伝いや後始末も姑のいいなりで、農作業も男とかわらぬ労働が要求された。こうした重労働から解放されるのが、嫁が長期的に定期で里帰りをするチョウハイであった。嫁の里から婚家へ一方的に長期間にわたり贈られるツケトドケと、チョウハイの返礼をとおして、嫁は実家との縁をいつまでも続けていたが、実家には大変な負担がかかっていた。嫁は経済的にも精神的にも支えてくれた実家の親に対する感謝・御恩を、親の死後、親の追善供養でお返ししようとすることは当然だったと言えよう。

(2)真宗寺院のコンゴウは孫門徒の参拝が特徴である。つまり、他出した嫁を親の初盆をきっかけに寺に参拝してもらうための行事である。お斎の対応も報恩講では門徒の世話役が主体的に準備をするのに対して、コンゴウ参りでは寺（寺族）が主導し、孫門徒を客人のようにもてなしているように思われる。また、他宗旨寺院のように位牌の使用や施餓鬼塔婆によって死者の魂を象徴することなく、新仏である親の魂が寺に戻ってくると広く流布されるためには、西山郷史が指摘するように[39]、行事の名称に本来は真宗の教義に添った「金剛」としたいところであったが、直接的にイメージしやすい魂を迎える「魂迎」や、魂を供える「魂供」という名称を使用せざるを得なかったと言える。その意味でコンゴウは真宗行事でありながらも通仏教的（先祖供養）な色合いが強い行事と言える。

(3)孫門徒がコンゴウに参拝することは、寺の収入を増やすことにつながったと言える。他家から嫁いで来た女性と、嫁に出て行った女性から引き続き志納されれば、寺の経済的安定につながる。戦前までは一家に兄弟姉妹は五～六人で、二～三人の孫門徒がいたと言われる。孫門徒と手次寺の関係は、コンゴウ参りだけではなく、氷見市では、現在でも嫁入りした女性の葬式の時に、その実家の手次寺の住職を招待する家が多いという。また、嫁の実家の親が亡くなると、嫁ぎ先の依頼（布施）によって、嫁ぎ先の手次寺が嫁の実家の葬式に招待僧として参加することもあるという。

能登の嫁の実家と婚家の問題は、主婦権の譲渡で終わるのが民俗学における家族研究では一般的な論じ方であるが、実は嫁が死ぬまでコンゴウ参りを通してその関係は続いてきたのであった。しかし、嫁と姑の立場が逆転してしまった現代において、嫁の苦労話は昔話となり、若い嫁世代には「孫門徒」も死語になりつつある。

(4)真宗の念仏は、親の供養のために使うものではない。念仏は仏から賜ったものであり、称名は仏恩報謝のためであると言われている。森岡清美は、「奥能登のオザや報恩講はとても先祖の供養と無関係ではないが、核心は親鸞の追憶と彼によって開示された法義の聴聞とにある」と述べつつも[40]、口能登で盛んなコンゴウ参りを引き合いに、「法義の聴聞から先祖の追善へ。これは『呪術への後退』とよばるべきものであるが、寺の伝統的権威の失墜と並行したことは、法義の聴聞自体がある呪術的性格を帯びていたことを物語るのではないだろうか。いわば『法義の呪術から供養の呪術へ』という側面もあわせて見逃しがたいのである」と[41]、戦後まもない昭和三〇年に、すでに警鐘を鳴らしていた。

当時は報恩講よりも参詣者が集まり、本堂を埋め尽くしたと言われたコンゴウ参りは、お斎をよばれる楽しみはもちろんのこと、村から出た女同士が子どもを連れて集まり、幼なじみと久しぶりに語り合う同窓会のような賑やかな雰囲気があったと言える。

しかし、現在はどこの寺院も閑散とした状況になっている。地域社会のなかで寺の果たしてきた役割は奪われてしまったように思われる。「供養の呪術」も効かなくなっているなかで、真宗寺院は「法義の聴聞」に戻れるのか。はたまた、方便としての「法義の呪術」を見いだすのか。その道は決して容易ではないことは確かである。

注

（1）能登のくに刊行会編『能登のくに―半島の風土と歴史―』（北国新聞社、二〇〇三年）七八頁。

（2）『氷見市史6　資料編四　民俗、神社・寺院』「序章　氷見の民俗相　第一節　氷見の民俗的風土」（氷見市史編さん委員会、二〇〇〇年）六頁。

（3）『日本民俗大辞典　上』（吉川弘文館、一九九九年）「コンゴウマイリ」の項（執筆：西山郷史）、六六二頁。

（4）橋本芳雄著「コンゴについて」（『加能民俗』第一〇号、一九五一年）

（5）美濃晃順著「こんご追考」（『加能民俗』二の四・一九五三年）

（6）斎藤槻堂著「武生地方に於ける「コンゴウ」」（『加能民俗』二の六、一九五三年）

（7）森岡清美著「宗教生活―鳳至郡町野川西の真宗門徒団を中心として―」（『能登―自然・文化・社会―』九学会連合能登調査委員会、平凡社、一九五五年）二一八頁。

（8）小林忠雄著「『魂迎参り』について―能登島半ノ浦妙万寺門徒を中心に―」（『加能民俗研究』一九七二年）

（9）西山郷史著「真宗と民間信仰の研究―能登のコンゴウ参り習俗を通して―」（『日本民俗学』第一六七号、一九八六年）（『蓮如と真宗行事』木耳社、一九九〇年、採録）

（10）前掲（9）において西山は、他の宗派におけるコンゴウ習俗との比較において、「真宗と違うのは、檀信徒のみを対象とし、孫門徒を含んでいない点にある」と指摘している。一五七頁。

(11)『氷見市史6　資料編四　民俗、神社・寺院』「第一一章　寺の民俗　第一節　寺の年中行事」（氷見市史編さん委員会、二〇〇〇年）三三一～三三二頁。

(12)『氷見市史6　資料編四　民俗、神社・寺院』「第一一章　寺の民俗　第二節　コンゴウ参りについて」（氷見市史編さん委員会、二〇〇〇年）三三二頁。

(13)『氷見市史6　資料編四　民俗、神社・寺院』「第八章　人生儀礼　第一節　婚姻」（氷見市史編さん委員会、二〇〇〇年）二三九頁。

(14)『羽咋市史　現代編』「第四章　習俗の伝承と変遷　三　婚姻の習俗」（羽咋市史編さん委員会、一九七二年）

(15)『新修七尾市史　一三　民俗編』「第四節　婚姻」（七尾市史編さん委員会、二〇〇三年）五〇五～五〇六頁。

(16)前掲（14）五七一～五七二頁。

(17)前掲（15）五〇八～五〇九頁。

(18)前掲（13）二四四～二四五頁。

(19)前掲（15）五〇八～五〇九頁。

(20)『能登島町史　資料編第二巻』「第一章　島の生活伝承―ムラと家―　三　婚家と実家の関係」（能登島町史専門委員会、一九八三年）八四一頁。

(21)前掲（8）参照。

(22)前掲（20）八四二頁。

(23)大桑斉著「2　寺請体制」『寺檀の思想』（教育社歴史新書、一九七九年）一一二～一一三頁。

(24)『日本民俗大辞典　下』（吉川弘文館、二〇〇〇年）「複檀家」の項（執筆：福田アジオ）、四六四頁。

(25)前掲（12）三三五頁。

(26)前掲（13）二四四頁。

(27)前掲（15）五〇五頁。

(28) 前掲（8）五一頁。
(29) 森岡清美著「真宗門徒団の組織と活動―奥能登町野町川西の事例―」（『真宗教団における家の構造』御茶の水書房、一九七八年）二二三〜二二四頁。
(30) 前掲（29）二二四頁。
(31) 前掲（29）一七八頁。
(32) 前掲（12）三三二頁。
(33) 佐伯安一著「六章　五箇山　三　五箇山の真宗道場」『富山民俗の位相＝民家・料理・獅子舞・民具・年中行事・その他＝』（桂書房、二〇〇二年）五三八頁。
(34) 蒲池勢至［著］川村赳夫［写真］「I　道場と門徒生活　復元された道場　西徳寺」『真宗民俗の再発見―生活に生きる信仰と行事―』（法藏館、二〇〇一年）二八〜三三頁。
(35) 志水宏行著「墓のない村々―近江の宗教調査から」『近江の無墓制と「ぼんなり」考』（法藏館、二〇〇三年）九〜二五頁。本書で、現在の滋賀県東近江市桜川東地区と桜川西地区では家墓がなく、門徒寺に参ることが「墓参り」であることが報告されている。八月一二日に、各家では訪ねてきた親類縁者一同が、まず家の御内仏（仏壇）に参り、その後、桜川東では午前一〇時頃、桜川西では午後二時頃に、「墓参り」と称して寺に参拝する。著者は、村人にとってお寺は村人全体の「集合詣り墓」的な機能を果たしているとみている。
(36) 『日本民俗大辞典　上』（吉川弘文館、一九九九年）「おそうぶつ」の項（執筆：蒲池勢至）、二六二頁。
(37) 蒲池勢至著「第一章　真宗と祖先崇拝」『真宗と民俗信仰』（吉川弘文館、一九九三年）一〇七頁。
(38) 前掲（36）一三一頁。
(39) 前掲（9）一一六〜一一九頁。
(40) 前掲（29）二二四頁。
(41) 前掲（29）二一四〜二一五頁。

参考文献（注で示していないもの）

『能登―自然・文化・社会―』九学会連合能登調査委員会、平凡社、一九五五年）
『輪島市史　資料編第二巻』輪島市史編纂専門委員会、一九七二年
『珠洲市史　第三巻』珠洲市史編さん委員会、一九七八年
『鹿島町史　通史・民俗編』鹿島町史編纂専門委員会、一九八五年
『新修門前町史　資料編6』門前町史編さん委員会、二〇〇五年
森岡清美著『真宗教団と「家」制度（増補版）』創文社、一九六二年
赤松俊秀、笠原一男編『真宗史概説』平楽寺書店、一九六三年
土田英雄著「妻の定期的里帰り慣行に関する一考察」『大阪学芸大学紀要一三』（大阪学芸大学、一九六五年）一八〇～一八九頁。
天野武著『民俗学特講・演習資料集(1)　結婚の民俗』岩田書院、一九九四年
中込睦子「若狭地方における里帰り慣行と主婦権」（田中真砂子・大口勇次郎・奥山恭子編著『縁組と女性―家と家のはざまで―』早稲田大学出版部、一九九四年）、八六～一〇八頁。
蓼沼康子著「日本海沿岸地域における婚出女性の娘としての意味」『城西大学女子短期大学部紀要一一（一）』（城西大学女子短期大学部、一九九四年）一二七～一三七頁。
蓼沼康子著「能登半島における嫁の里帰り慣行」『城西大学女子短期大学部紀要一三（一）』（城西大学女子短期大学部、一九九六年）九五～一〇六頁。
福田アジオ著『寺・墓・先祖の民俗学』大河書房、二〇〇四年
森本一彦著『祖先祭祀と家の確立―「半檀家」から一家一寺へ―』ミネルヴァ書房、二〇〇六年
蒲池勢至著『お盆の話』法藏館、二〇一二年
西山郷史著『とも同行の真宗文化』臥龍文庫、二〇二〇年

鵜祭再考
―古文書から「鵜祭＝年占」説を問う―

干場　辰夫

一　はじめに

国の重要無形民俗文化財である「気多の鵜祭」について、現在、一般に広く知られているのは、神事において放たれた鵜の動きをもって、来年の吉凶を占う〈年占〉の祭としての性格である。鵜は神の使いないし神の分身として神意を告げると解されているのである。近年、毎年の鵜祭神事後には、気多神社の一隅に、多くのテレビ局や新聞社の人々が集まり、〈年占〉に関する宮司の見解を聞き取る光景が見られる。当日および翌日の石川県内のテレビや新聞には、その結果が大々的に報道されるのが、毎年の風物詩となっている。今では県内のほとんどの人々が、鵜祭を〈年占〉の祭と考えているのではないだろうか。

しかもそれは県内の一般の人々だけにとどまらない。『民間信仰辞典』（桜井徳太郎編、東京堂出版）、『民俗芸能辞典』（仲井幸二郎他編、東京堂出版）、『神道辞典』（國學院大学日本文化研究所編、弘文堂）等の諸辞典にも、鵜祭は鵜の進み方によって来年の吉凶あるいは神意を占うと記されているように、民俗学や宗教学においても、「鵜祭＝年占」説はもはや定説化しているといっても過言ではない。ただ民俗学で現在、最もスタンダードな辞典だと思われる『日本民俗大辞典』（福田アジオ他編、吉川弘文堂）では、「鵜祭」の項の執筆者である石川県在住の民俗学者・西山郷史は、鵜祭の〈年占〉についてはまったく触れていないことが注目される。

ともあれこの〈年占〉が鵜祭神事の本来の趣旨なのかという点は、筆者がすでにいくつかの論考[1]で論じたように、必ずしも妥当なものではない。本稿は、あらためてその点を、鵜祭に関する古文書を網羅的に再吟味しながら検証するものである。

もう一点、本稿のテーマをつけ加えておきたい。本稿は、管見の限り、鵜祭について記述された近世までのすべての文書をほぼ年代順に逐一検討するが、その際、〈年占〉と無関係な多くの論点にも言及する。鵜捕部や鵜様道中、神事の様態、鵜祭の由来伝承、放たれた鵜の行き先伝承等に関わる諸論点である。その点では鵜祭に関する古文書全体の現時点での一つの概観的総括でもある。それは、〈年占〉をテーマとする本稿の趣旨とは適合しないが、鵜祭研究がなお未成熟な現段階では、こうした網羅的な資料の検討も意味があると考えるからである。これが本稿のもう一つのテーマである。

二　〈年占〉に関わる鵜祭研究の動向

小倉学の見解

鵜祭に関する調査報告は数多く、また研究論文もそれなりに蓄積されているが、それについては、注1に挙げた拙稿「鵜祭とは何か―〈イケニエ〉、〈放生〉、〈年占〉を巡って―」を参照されたい。ここでは〈年占〉という論点に限って、研究史を概観したい。

まずは本格的な鵜祭研究の嚆矢ともいうべき小倉学の見解から見てみよう。既に一九五〇年頃から鵜祭研究を始めた小倉は「鵜祭考（二）」(2)において、鵜祭の由来伝承や基本的性格に関する考察の後に、鵜祭神事とは別に、「卜占的信仰」という「信仰的習俗」について以下のように論じている。彼はまず、鵜浦から気多への鵜様道中の沿道では、「今年の鵜様は白か黒か」ということに関心がはらわれ、鵜の腹毛が白であれば今年は大雪、黒であれば雨が多いとされ、また当日の祭典において本殿階下で放たれた鵜がすらすらと渋滞なく案上に登れば吉であり、荒れすさんで容易に登らない場合には凶であるとされるという「習俗」を紹介しているのである。言うまでもなく後段の事態が、今日の鵜祭神事の性格として広く一般に知られているところである。さらには土地の漁夫は、鵜が案上でどちらを向いて止まったか、また海浜で放たれた鵜がどちらに向かって飛んで行ったか、その方向によって漁獲の豊かな方角を卜知しようとする者もいるという「習俗」も紹介しているのである。(3)

しかし小倉のこの卜占習俗論は、鵜祭神事そのものについて論じられたものではなく、鵜祭に伴うあくまで民間の「習俗」として叙述されたものであり、したがって〈年占〉が鵜祭そのものの目的でも基本的性格でもなく、鵜祭の際に神事の外部でなされた「民間習俗」ということになる。小倉はこの点を必ずしも強調はしていないが、それはこの調査が行われた一九五〇年頃には、今日のように〈年占〉の結果がマスコミを通じて社会に喧伝されることがなかったからであり、(4)当時の気多社神職や民俗研究者にとって、〈年占〉は鵜祭神事とは別の次元の民間の「習俗」であるという理解は当然のものと考えていたと思われる。前述した『日本民俗大辞典』で「鵜祭」の項を執筆した西山郷史氏に筆者が直接伺ったところによれば、氏も、鵜祭の〈年占〉が喧伝されるようになったのは近年のことだと述べておられる。またかつて十年以上に渡って鵜祭に奉仕した元禰宜（後、羽咋神社宮司）に対して、筆者が「鵜とは神事においてどういう存在と認識していたか」と質問したところ、同氏は、「神様へのお供え物」（＝神饌）と認識していた、と答えている。

中村生雄の見解

小倉以降、本格的な鵜祭研究は見られなかったが、二〇〇〇年代に至って、中村生雄が「祭祀のなかの神饌と放生」(5)を発表し、鵜祭の基本的性格として以下のように結論付けている（詳細については注1拙稿「鵜祭とは何か―〈イケニエ〉、〈放生〉、〈年占〉を巡って―」を参照）。中村によれば、鵜祭は、縄文の狩猟世界にまでさかのぼるであろう動物を「神饌」に用いる古層日本の神祇祭祀の系譜上にある〈イケニエ祭祀〉であったが、その後、外来宗教としての仏教が掲げた生類への慈悲の思想が入り込み、諏訪信仰の影響下に神の贄の成仏を期し、それが最後に鵜を海辺で解き放つ「放生」の儀礼によって具体化されたとする。ここに鵜祭の基本的な性格は変容し、かつての〈イケニエ祭祀〉に代わって〈放生儀礼〉が前面に出ることになる。しかし時の経過とともに、鵜が「イケニエ」であることも、鵜を解き放つことが仏教の「放生」であることも、忘れられていき、鵜祭は、どこにでもある農耕社会の農耕祭祀としての性格を持つものとなり、稲の収穫祭たる新嘗祭の一環とする考えが近世以降顕著になった。〈イケニエ祭祀〉や〈放生儀礼〉の本来持っていた宗教的な意味が薄らぎ、あたかもその代償のように、農耕祭祀がとりわけ重視する〈年占〉が前面に出てくることになる、と。したがって〈年占〉という性格は、もともとの〈イケニエ祭祀〉や〈放生儀礼〉であった鵜祭が、農耕祭祀ふうに改変されていくのに応じた変化にすぎないのであり、その意味で「後世的な現象」なのだという。さらに中村は、現今のように鵜の動きによる〈年占〉が鵜祭の最大の呼び物になったのは、思いのほか新しいことだろうと推測するのである。

中村の見解をまとめれば、鵜祭の基本的性格は、本来、古層日本の神祇信仰以来の①〈イケニエ祭祀〉であったが、中世において仏教の②〈放生儀礼〉が付け加わり、その後そうした宗教的意味が忘れられていくに従い、近世においては、農耕祭祀が重視する③〈年占〉が前面に出てきたということになる。

こうした中村の見解は、鵜祭の基本的性格を初めて深く掘り下げて論じたものであり、本来〈イケニエ〉と〈放生〉の祭としている点で、まさしく卓見であると考えるが[6]、近世以降に限るとはいえ、〈年占〉が鵜祭神事そのものの基本的性格になったとする点で、〈年占〉を「民間習俗」とするものではない。この点について筆者は、中村説は問題があると考えるが、以下において古文書を検討することにより考察していきたい。

三　近世初期までの文書

謡曲「鵜祭」と「古縁起」

表1は、江戸時代までの鵜祭に関する記述のある文書を、現時点で管見の限りすべて挙げたものである[7]。なお明治以降にも鵜祭に関する多数の文書があるが、紙面の制約もあり、本稿では江戸期までにしておきたい。とはいえ明治以降も関係する文書はその都度とりあげる。〈年占〉に関しては、明治期以降の文書を含めても、本稿の主張は変わらない。なお最初に断っておきたいが、本稿では、表1で示した文書については引用した頁箇所を注で明示しない。学術論文としては不備ながら、あまりにも注が煩雑になりすぎるからである。

鵜祭に関する最も古い文書は、表1の文書①謡曲「鵜祭」と②気多神社「古縁起」と考えられ、ともにその成立年代は不明であるが、室町時代末までには成立していたと考えられている。(8) ①の謡曲「鵜祭」は、気多社に参向した勅使と海女に扮した気多神が出会い、気多神が気多の鵜祭の神秘を説くという構成であり、能登の「ゆの郷」という地で、「荒鵜」(野生の鵜)をとり、「贄」として気多神に供えられるが、その後、鵜は海上に向かって解き放たれて飛び去るという。この謡曲で注目されるのは、鵜を解き放つ際に、気多神が鵜に対して「汝よく聞けこの度贄に供わる結縁に鳥類の身を転じ仏果に至れと宣命」をふくめるという一節であり、神の贄の成仏(=「仏果」)を期する「放生」という鵜祭の性格が暗示されている点である。前述の中村生雄が強調するように、気多の神への贄(神饌)となり、今まさに命を絶たれようとしている鵜が、気多神の慈悲の心によって仏の救いにあずかるべく解き放たれるのである。

②の「古縁起」は、気多社への勅使を安倍貞任と特定し(謡曲では安倍貞任をそれ以前に来た勅使としている)、鵜は捕らえられ持ってこられるのではなく、自ら飛来し、神前で鏡に向かって羽を垂れるとされ、これを取って海上に放つとされる。

この両文書は、海女に扮した気多神が勅使に鵜祭の神秘を説くという構成、および神前の鵜が捉えられて海上に放たれるという儀礼の内容において、きわめて類似しており、一方が他方に影響していると思われるが、どちらが先かは不明である。(9)

他方、謡曲の独自な点は、第一に、鵜が神への贄であることが明記されている点、第二に、その鵜が「ゆの郷」で捕獲されたものであり、「ゆの郷」とは今日の七尾市鵜浦であることから、(10) 気多社と鵜浦との関係(鵜が鵜浦から運ばれてくること)が明記されている点、第三に、鵜祭儀礼の重要な要素として「放生」儀礼が暗示されている点であり、謡曲という創作作品ではあれ、この最も古い文書の一つにおいて、これら三点が注目される。しかし本稿が問題とする〈年占〉についてはいずれの文書においてもまったく記されていないのである。

戦国時代の文書

文書③「気多社年貢米銭納帳」は、鵜祭に関する年代がわかる最も古い資料であり、そこには「拾五貫六十五文毎年鵜祭ノ役　金丸地頭方代官沙汰」と記され、「鵜祭」の文献上の初見である。この文書は、その奥書に「大永六年」（一五二六年）、「寫之卆」（これを写し終わる）と記されており、この年代より古い資料であることがわかるが、とも

収録書編者等	収録書出版社(出版年)	備　考
野上豊一郎編	中央公論社(1984、初出、1935)	
石川県図書館協会編	石川県図書館協会(1940)	
藤井貞文・小倉学他校訂	気多神社(1977)	
藤井貞文・小倉学他校訂	気多神社(1977)	
藤井貞文・小倉学他校訂	気多神社(1977)	
七尾市史編纂専門委員会編	七尾市(1973)	
藤井貞文・小倉学他校訂	気多神社(1977)	
藤井貞文・小倉学他校訂	気多神社(1980)	
石川県図書館協会編	石川県図書館協会(1940)	
藤井貞文・小倉学他校訂	気多神社(1984)	
藤井貞文・小倉学他校訂	気多神社(1984)	
藤井貞文・小倉学他校訂	気多神社(1984)	
七尾市史編纂専門委員会編	七尾市(1973)	
金沢大学法文学部内日本海文化研究室編	石川県図書館協会(1975)	
日置謙校訂解説	石川県図書館協会(1936)	
日置謙校訂	石川県図書館協会(1932)	
日置謙校訂	石川県図書館協会(1934)	
日置謙校訂	石川県図書館協会(1934)	
日置謙校訂	石川県図書館協会(1934)	
大鋸彦太郎校		石川県立図書館所収
神道大系編纂会編	神道体系編纂会(1987)	

表1　鵜祭記載文書

番号	西　暦	年　号	文　書　名	文書著者	収　録　書
①	室町時代末期		謡曲「鵜祭」		『新装愛蔵版　解註謡曲全集巻一』
②	室町時代末期		気多神社「古縁起」		『気多神社文献集』
③	1526	大永6	「気多社年貢米銭納帳」		『気多神社文書』第一巻
④	1531	享禄4	「気多社祭儀録」(内題「能登国祭儀録全」)		『気多神社文書』第一巻
⑤	1577	天正5	「気多社書上」		『気多神社文書』第一巻
⑥	1585	天正13	「天正十三年　鵜田宛行状」		『七尾市史　資料編』第三巻
⑦	1585?	天正13?	「前田利家書状」		『気多神社文書』第一巻
⑧	1596	文禄5	「気多社神人・寺家等請文」		『気多神社文書』第二巻
⑨	1619	元和5	「横山山城守へ上ル 御尋随由来条々」		『気多神社文献集』
⑩	1619	元和5	「気多社金沢使日記」(元和五年十一月廿二日)		『気多神社文書』第三巻
⑪	1621	元和7	「気多社金沢使日記」(元和七年十一月十五日)		『気多神社文書』第三巻
⑫	1622	元和8	「気多社金沢使日記」(元和八年十一月廿七日)		『気多神社文書』第三巻
⑬	1653	承応2	「承応二年　鵜田宛行状」		『七尾市史　資料編』第三巻
⑭	1685	貞享2	「貞享二年　能州一宮私共触下神主中由来書付写之帳」		『加越能寺社由来』下巻
⑮	1699	元禄12	「能登釜」	菊池提要	『加越能古俳書大観』上編
⑯	1700	元禄13	「珠洲の海」	富田勒文	『能登路の旅』
⑰	1700頃	元禄13頃	「加越能旧跡緒」(後、改編・改題されて「加能越金砂子」)	著者不詳	『続能登路の旅』
⑱	1709	宝永6	「能登浦伝」(内題「己丑紀行」)	浅加久敬	『続能登路の旅』
⑲	1717	享保2	「能州紀行」	森田盛昌	『続能登路の旅』
⑳	1730	享保15	「能登みやげ」	篠井竹泉	謄写刷復刻本
㉑	1731	享保16	「気多本宮縁起」		『神道大系　神社編三十三若狭・越前・加賀・能登國』

あれ十六世紀前半にはすでに鵜祭そのものが行われていたことが確認される。しかし鵜祭の場所や様態については何も書かれておらず、今日の鵜祭と同じものなのかは不明である。当然に〈年占〉についての記述はない。

文書④「気多社祭儀録」（内題には「能登國祭儀録」ともある）は、「享禄四年」（一五三一年）に書き写したものを、さらに後の江戸期の享保年中に書き写したとされる文書であるが、そこには、「十一月中巳日　新嘗祭」、「午日館居神事　同日鵜祭」と記され、気多神社の鵜祭であることが明確化された文書である。鵜祭が新嘗祭の翌日に連続して行われているが、鵜祭と新嘗祭との関連が推測されるとはいえ、鵜祭が新嘗祭の一環なのか、それとも別々の祭祀なのかはわからない（この点は後述）。また先の文書と同様、鵜祭神事の様態は明記されず、当然に〈年占〉についての記述はない。

文書⑤「気多社書上」は、能登に侵攻した越後の上杉勢の求めに応じて、一宮惣中が上杉氏奉行人吉江信景に提出したものであり、そこには以下の記述がある。十一月寅日から「いミ」（物忌）が行われ、巳日に「新物の大しやうゑ」（新嘗祭）、その夜「ちよくし」（勅使）参内、「うの浦」の鵜が届けられると書かれている。翌日の午日夜半「御神事」で「いけにゑ」として鵜を神前に放つとされ、放たれた鵜は「大くうし」（大宮司）が捕らえ、

		金沢市立図書館近世史料館所収
石川県図書館協会編	石川県図書館協会(1940)	
日置謙校訂	石川県図書館協会(1931)	
		金沢市立図書館近世史料館所収
		金沢市立図書館近世史料館所収
日置謙校訂	石川県図書館協会(1934)	
		羽咋市立歴史民俗資料館所収
羽咋市史編纂委員会編	羽咋市(1975)	
神道大系編纂会編	神道体系編纂会(1987)	
小倉学校訂解説	石川県神社庁(1965)	
若林喜三郎編	金丸村史刊行委員会(1959)	

㉒	1755	宝暦5	「越中能登名跡志」	作者不詳	
㉓	1760	宝暦10	「気多大社由來」		『気多神社文献集』
㉔	1777	安永6	「能登名跡志」	太田道兼	『能登名跡志』
㉕	1780	安永9	「能登誌」	太田道兼	
㉖	1796	寛政8	「能登路記」	太田道兼	
㉗	1786以後	天明6以後	「能登の海」(別名、「能州故実談」)	九淵斎由己	『続能登路の旅』
㉘			「一社故実伝并祭儀録」		気多神社文書
㉙	1787	天明7	「能州一宮鵜祭之規式」		『羽咋市史』中世・社寺篇
㉚	1806	文化3	「文化三年由来書上」(気多神社)		『神道大系　神社編三十三 若狭・越前・加賀・能登國』
㉛	1844	天保15	「能登国神異例」	水野三春	『能登国神異例―水野三春遺文集』
㉜	1864頃	元治元頃	「梶井家年中行事記」	梶井房重	『金丸村史』

「こんのねき」(権禰宜)が受けとり「宮仕」に渡し、海上に向って放たれる。その鵜は「しなの、くにすわ」(信濃国諏訪)に行くという言い伝えがある、と記されている。

原資料としては、鵜が鵜浦から届けられることを初めて明記したものであり、またこの文書において初めて儀礼の様態が記述されている。すなわち鵜浦から鵜の献上、神前へ鵜を放ち、鵜を捕らえ再び海上へ放つという点については、現行の祭祀と大枠において同様なものであることが確認される。また鵜は「いけにゑ」(イケニエ)と明記されていることが注目され、鵜祭儀礼において、鵜は気多神に献備される贄(イケニエ)とされているのである。さらに鵜の行き先(ここでは諏訪)についての伝承は文献上の初見である。本稿が問題とする〈年占〉に関しては、鵜祭神事の様態が記されているにもかかわらず、神事の中での鵜の動きによる〈年占〉についての記述はなく、〈年占〉そのものが神事において存在しなかったと解することが妥当であろう。

前田利家書状等

文書⑥「天正十三年　鵜田宛行状」は、加賀藩祖前田利家が、鵜祭のために鵜浦の「衛門」に対して「鵜田」二反を扶助したことが記されている。「衛門」とは鵜祭に奉仕する集団（今でいう「鵜捕部」）の代表者であろうか。後の文書⑬「承応二年　鵜田宛行状」も同様であり、利家の後に三代前田利常から出されたものであり、再度「鵜田」が安堵されている（写真1）。〈年占〉に関する記述はない。

写真1　現代の鵜田（2019年5月17日、筆者撮影）

　文書⑦「前田利家書状」は、前田利家が鵜祭終了後に気多神社正大宮司桜井監物丞に宛てた書状であり、年不明であるが、一五八一（天正九）年に能登に入部した利家の活動年代から見て、その後の近い年であることは推定できよう。田川捷一は前掲論文において、この書状は、文書⑥「天正十三年　鵜田宛行状」と同時に出されたものであろうと推測している[11]。

　問題はこの文書である。そこには、鵜祭神事が目出度く相勤められ、「札守と肴」を送ってこられ「執着」であると述べた後、例年に勝って鵜が神前に能く参った由、国家の吉事である（「殊ニ勝例年鵜鳥神前ニ能参候由、國家之吉事不可過之候」）、と書かれている。これは、結論から言えば、公刊された文書の中で唯一、鵜祭で〈年占〉が行われたかのように見える文書である。実際に戦後、新聞報道等で鵜祭の〈年占〉が取り上げられる際には、この文書がその根拠として用いられてきたのである。しかし神事そのもののなかで年占が行われたことは明記されておらず、わずかにこれだけの文面では神事において〈年占〉が行われていたことを証するものではない。むしろ前述のように「民間習俗」の〈年占〉として利家が言及したと理解する方が適切であり、実際に小倉学も、この文書を民間習俗の記述の中で紹介している。他方、民間での〈年占〉の習俗がこの近世初頭という時代には、既にあったものといえよう。

これまで公刊された文書の中で、この文書のみが鵜祭の〈年占〉にかかわる唯一のものであったが、その後、筆者が、羽咋市立歴史民俗資料館に寄託されている未公刊の「気多神社文書」のうち、近代の「社務日誌」を解読していく過程で、三か所に年占に関する記述があることを発見した。なおこの点については、既に、注1で挙げた拙稿「明治・大正期における鵜祭の諸相―気多神社日誌・通信記録から」で論じたことではあるが、重複するとはいえ、本稿の趣旨から再度、要点だけを記しておきたい（詳しくはその拙稿を参照されたい）。一つは、一八九二（明治二十五）年の「日録」十二月二十三日の項で、鵜祭神事の式次第を詳述した後に、「鵜ハ神前ノ西方へ進ミ候付明年ハ浦方大漁ノ前兆ナルカ」との記述が見られる。二つは、一八九九（明治三十二）年の「日録」十二月十六日に、同じく神事を詳述した後、「鵜ハ神前ノ西方へ進ムニ付明年ハ浦方大漁ノ前兆ナルカ」という記述があり、三つめは、翌一九〇〇（明治三十三）年「日録」十二月十六日に、同様に「鵜鳥ハ神前東方及ヒ西方トモ拝シタルニ付明年ハ豊年及ヒ大漁ノ前兆ナル歟」と記されている。

しかしこれらの記述は、以下に示すように、鵜祭の神事そのものにおいて年占が行われていたと解することはできず、当時村人たちの間で行われていた年占の見解を示したものと考えられる。なぜなら第一に、もしこうした年占が神事そのものの目的として行われたものならば、日誌類の他の年の記録にもすべて記されなければならない。神事の式次第を詳細に記録した年の日誌類は数多くあるが、こうした年占の内容に関する記録は、わずかに上記の三年しかないからである。第二に、もし年占が神事として行われたのであれば、当然に式次第の中に、宮司ないし他の神職が年占をなす次第を記述しなければならないが、式次第を詳細に記録した数多くの日誌類には、式次第の中に年占を行うという記載が、先の三件を含め、どこにもないからである。

以上より文書⑦「前田利家書状」やこの三点の日誌では、鵜祭神事で〈年占〉が行われたことを証するものとは言い難いのである。

文書⑧「気多社神人・寺家等請文」は、神人・寺家の五名が連名で大宮司に提出した七項目からなる請文（請負承諾誓約書）であるが、その第一項に「社内分御年貢貢米之儀、天正十年ニ申定候ごとく、十一月うまつり（鵜祭）をかきり（限り）ニ皆済可仕事」（（）内は筆者による、以下同様）とあり、年貢米の貢納の期限を鵜祭までと定めたものである。これは、新たに設定された貢納期限ではなく、従来、慣例的に行われてきた貢納期限を、文書で明確化したものと考えられるが、そうであるならば、新たに貢納された年貢米を祝う新嘗祭と鵜祭とが密接に関係していることを推測させるものである。

鵜祭の由来伝承

文書⑨「横山山城守へ上ル　御尋随由来條々」は、加賀藩の求めに応じて（「御尋随（おたずねにより）」）櫻井大宮司が提出したものであり、そこには、大己貴命が「鹿嶋浦」で「化鳥」を退治した際、「化鳥」に殺されかけた鵜を助けた時の「御契約」により、鵜は毎年十一月午日に御神殿に参り、羽を垂れると記されている。これは、鵜祭の由来伝承としては、文献上の初見である。

なお、鵜祭の由来伝承については、市田雅崇が伝承や文献から以下のように簡潔に整理している。[12] ただその文献上の典拠は示していない。

A　気多神である大己貴命が鵜浦の神門島（かとしま）（現・鹿渡島）に着いたとき、この地の産土神である御門主比古神（みかどぬしひこ）が鵜を捕えて献上したことに由来する。

B　御門主比古神と謀った櫛八玉神（くしやたま）が鵜に変身して海に入り、魚を捕えて大己貴命に献上したことに由来する（櫛八玉神は御門主比古神社に合祀された阿於（あお）大明神社の祭神―写真２）。

C　気多神の御子神である櫛八玉神が鵜に変身して海に入り、魚を捕えて父神に献上したことに由来する。

D　気多神が鹿渡島で「化鳥」を退治し、助けてもらった鵜が御礼として気多に詣でたことに由来する。

E　気多社ではもともとは人身御供であったのが、後に人に代えて生贄として鵜を捧げるようになったことに由来する。

この文書⑨の由来伝承は、五つの伝承のうち、Dの伝承に当たる。今日、広く流布している由来伝承が、AないしBの伝承であることを考慮すれば、由来伝承Dが文献上の初見であることは注目されてよい（他の伝承の文献上の初見については行論の中で言及したい）。しかしこの文書にも〈年占〉に関する記述はない。そもそもどの由来伝承にも〈年占〉をあらわすものはないのである。

写真２　御門主比古神社に掲げられた扁額（2019年5月17日、筆者撮影）

文書⑩⑪⑫の「気多社金澤使日記」は、一六一八（元和四）年から一六二三（元和九）年までの六年間に、「気多社金澤使日記」と題された文書が二十七通残されており、そのうち鵜祭に関する記述がある三通の文書が、これである。いずれも鵜祭執行の「御礼」として、藩主前田利常をはじめ何人かの家臣に対して持参した土産品のリスト（「かい」、「いわし」、「くり」、「いか」、「もち」、「のり」、「たら」、「かき」などを列挙）である。後に言及する文書㉘「一社故実伝幷祭儀録」には、鵜祭は一五七一（元亀二）年から一五八一（天正九）年まで中断され、翌年に前田利家が復興したという記載がある。その際、利家が、鵜祭遂行のために鵜浦の「衛門」に対して「鵜田」二反を扶助したとするのが、既述の文書⑥「天正十三年　鵜田宛行状」である。気多神社としても、加賀前田家による鵜祭再興はありがたく思ったのであろう。そのことが、この「金澤使日記」に記された御礼の品々であったろうと思われる。実際、鵜祭復興と以後の鵜祭の継続には加賀藩による庇護があったものと考えられる。もちろんこの文書には〈年占〉に関する記述はない。

新嘗祭と鵜祭

文書⑭「貞享二年　能州一宮私共触下神主中由来書付写之帳」は、気多社の神主頭である桜井監物・同権之丞以外の神主・神子二十人が加賀藩寺社奉行に提出した書上であり、各神職の神事における「神役」（役割分担）がしるされている。しかしそこには鵜祭における〈年占〉を担当する役割はなく、〈年占〉に関する記述もない。他方その中で注目されるのは、神職の一人「勾当吉之丞」なる者の「神役」として、「新嘗会鵜之清〆祓役」と記された箇所がある。これは、神職の役割の一つとして、新嘗祭の際にイケニエとしての鵜を清め祓う役があることを示している。気多社において鵜祭が新嘗祭の一環として行われることを示していると考えられるのである。

江戸期の鵜祭を克明に記載した文書㉘「一社故実伝幷祭儀録」には、鵜が気多神社に到着して後、鵜祭神事が行われる前まで、四度の「鵜ノ清メノ祓」が行われるが、それを担当したのが「勾当」という神職であると記されている

（後述）。なお余談ながらこの「勾当」家は、後に藤井家を名乗り、折口信夫の養子であった春洋の実家であると考えられる。ともあれこうしたことから、鵜祭の基本的性格は、鵜祭が新嘗祭の一環であり、鵜はその贄の一つであったと考えてよいであろう。特殊神饌について研究した吉野亨も、鵜祭を新嘗祭の一環と見て、「初贄としての鵜」というのが、鵜祭の「原初の意義」であると解釈している(13)。

鵜を贄とする文書は近世文書だけではない。羽咋市立歴史民俗資料館に寄託された「気多神社文書」のなかの未公刊の文書である明治期の一八七二（明治五）年の「気多神社祭奠式」においても、鵜祭神事での祝詞が掲載されており、そこには「十一月乃中乃午日尓鵜鳥乃生贄立奉氏稱言□奉」る、とあって、鵜がイケニエであると明記されている。したがって神社側においては、鵜は神意を報じる神の代理ではなく、神に奉るイケニエとされていたことが確認される。ちなみにこの祝詞は、新嘗祭と同様、五穀豊穣に関する内容となっている(14)。

今日の気多神社では、新嘗祭と鵜祭とは別の日に行われ、まったく別の神事と見なされている。それは、一八七三（明治六）年の明治政府による旧暦から新暦への改暦によるものであった。それにより旧暦十一月に行われていた新嘗祭は新暦でも十一月に設定されたが、同じく旧暦十一月の鵜祭は、実態に近い新暦の十二月に行われるようになったからである。両祭は一ケ月分離され、まったく別々の神事であるかのようになったのである。

以上、ここまでの文書で、まぎらわしい文書（文書⑦「前田利家書状」等）があるとはいえ、鵜祭神事において実際に〈年占〉が行われたとする文書はないのであり、鵜祭の起源伝承においてさえ、〈年占〉を表わすものはないのである。

四　近世の地誌、紀行文等

鵜捕兵衛

文書⑮「能登釜」、⑯「珠洲の海」、⑰「加越能旧跡緒」（後、改編・改題されて「加能越金砂子」）、⑱「能登浦伝」（内題は「己丑紀行」）、⑲「能州紀行」、⑳「能登みやげ」、および㉒「越中能登名跡志」、さらに㉔「能登名跡志」、㉕「能登誌」、㉖「能登路記」、㉗「能登の海」は、近世のいわゆる句集、地誌、紀行文であって、原資料というよりも伝聞資料である。この内、㉔「能登名跡志」、㉕「能登誌」、㉖「能登路記」は、どれも太田道兼の著作であり、その関係については、藤島秀隆による以下の指摘がある。「郷土史家日置謙氏によれば、原著者の最初に書いたのは『能登巡り』（明和三年〈一七六六〉であり、次に改訂加除して『能登名跡志』（安永六年〈一七七七〉とし、更に『雑能登路記』（安永九年〈一七八〇〉『能登誌』ともいう）を、最後に『能登路記』（寛政八年〈一七九六〉を著したというのである。日置氏の最も重要な指摘は、「原著者の生前既に他人の加筆した別種の能登名跡志」があり、内容が極めて整頓され、最も流布した書であると述べられ、それが通称松田本（石川県図書館協会刊本の底本）であると指摘している」。[15]筆者は、日置謙のこの見解の検討はできず、さし当たってはそのまま受け入れておきたい。なおこの種の地誌・紀行文については、未だ筆者未見の文書が金沢市立図書館近世史料館等にあることを断っておきたい。

文書⑮「能登釜」は句集であり、そのなかに次の句が載せられている。

鵜祭やけふそ名をつく鵜捕兵衛

ここで注目されるのは「鵜鳥兵衛」という表記である。現在、鵜を鵜浦から気多神社に運ぶ役割を担う「鵜捕部」

といわれる二十一家（後に二十家となり、現在ではその数がさらに減少していると考えられるが、二十家を公称している）および鵜を捕獲する「鵜捕主任」と呼ばれる一家（小西家）が存在する。気多神社は、一八八七（明治二十）年に鵜の捕獲専任者である小西家に「鵜捕主任任命状」を発行し、一八九四（明治二十七）年に二十一家に対して「鵜捕部任命状」を発行している。この任命状発行の事情については前掲拙稿「明治・大正期における鵜祭の諸相─気多神社日誌・通信記録から─」を参照されたい。ともあれ「鵜捕主任」という呼称が広く定着するようになったのはこの時以来と考えられる。(16)

しかし「ウトリベ」という呼称は、近世においても存在していたと考えられる。というのは近世においては「鵜捕部」という表記は管見の限り、幕末の文書㉛「能登国神異例」に「鵜取部」と出ているだけで（後述）、他の文書はすべて鵜を運ぶ役を「鵜鳥兵衛」と表記していたのであるが、「鵜捕部」も「鵜鳥兵衛」も「ウトリベ」と読むのである（この点については後述する文書㉖「能登路記」に示されている）。その点では表記はともあれ「ウトリベ」という言葉は近世においても存在していたのである。もっとも「鵜鳥兵衛」は二十一家全体の呼称ではなく、直接に鵜を運ぶ当番のみの呼称であることは後述する文書⑲「能州紀行」からわかる。ともあれその「鵜鳥兵衛」という表記の文献上の初見が、この⑮「能登釜」である。なお「鵜鳥兵衛」は文書により「鵜取兵衛」、「鵜捕兵衛」等とも表記されている。

「珠洲の海」と鵜祭の謎

文書⑯「珠洲の海」は、紀行文として初めて鵜祭を詳細に取り上げたものであり、後の紀行文はこの「珠洲の海」と同じ記述が多く、この書を参照していると考えられる。鵜祭については、気多神社の「古縁起」を参照したと考えられるが、十一月中の午の日に鵜祭があり、「夜丑刻祓修て後籠を聞（開の誤記であろう—筆者）ば、鵜即神前の御階を登りて、戸帳の前に羽をたれて跪。是をとらへ、又祓して海にはなつ」と神事の様態を述べた後、この祭りの起源については俗説がまちまちにあり（「此事俗説区々なり」）、大己貴命が化鳥を退治した時に鵜が「最初に来て尊を拝」し、その時の姿であるという説、また荒鵜を取って贄（原文は「犠」と表記されている）に供えたという説があるが、どれも用いることはできず、神秘なので委細は言い難いと記している。この前半部分が既述の由来伝承Dを簡略化したものであり、後半部分が鵜を大己貴命に贄として供えたという由来伝承Aの簡略化したものであって、由来伝承Aの文献上の初見である。

また鵜浦についても、「一宮の神事に鵜を取て奉る里」だとして、気多神社からもっと近い鵜が捕れる里もあろうに、十一里も離れたこの里から鵜を「奉ると云も子細あるべし」と記す。なぜ鵜浦で捕獲された鵜が運ばれるのかという、現在でも鵜祭にとって最大の謎の一つを挙げているのである。また「菅原亞相君の御時」（前田利家の時）より、「鵜田」という鵜祭の経費に当てる「永代寄附の田地」が与えられたと記し、

里の人鵜に使はる々神事哉

という句を詠んでいる。

以上、本書は、①なぜ鵜祭は行われるようになったのか（由来）、②なぜ鵜が贄として神事に用いられるのか、③なぜ遠く離れた鵜浦の鵜が用いられるのかという、今日まで解くことのできない大きな謎が、人々の間ではこの江戸期の元禄時代にはまったく分からなくなっていたことをも示しているといえよう。

「加能越金砂子」以降

文書⑰「加越能旧跡緒」（本論では後の加筆された「加能越金砂子」を用いた）は、鵜祭に関する特異な記述が目につく。神事で鵜を拝殿に放した際に、「社人共並居てはやし立つれば」鵜は本殿に上るとあり、また海辺で放せば「波にゆられ流れ、越後國能生の磯へ打上侍る」。この時、能生権現の祭であるとする。さらには鵜浦の鹿渡島に「穢の事」があった場合には、鵜を捉えてはならず、「眞の黒駒」を一匹引いていくことが昔からの「傳」であると記している。

現今では鵜祭は厳粛な静けさの中で行われることを旨とするが、この書では、鵜を拝殿で放したときに神職達が「はやし立て」る、とあることや、鵜浦に死人が出た場合などには、鵜の代わりに「黒駒」を引いていったという点も本書の特異な記述である。なお後の文書㉒「越中能登名跡志」は、多少の字句の違いこそあれ、まったく同じ文章が記され、明らかにこの文書⑰をそのまま写したものである。こうした内容が作者の脚色であるのか、実際にかつては行われていたのか、その意味や真偽は不明である。なおこの書の校訂者である日置謙は「解説」でこの書は「極めて雑駁な未完成品」であり、「欠陥」や「誤謬」の多い書である、と指摘していることをつけ加えておきたい。

また鵜を海辺で放した際に「波にゆられて」能生まで流れ着くという記述は、おそらく作者の脚色であろうが、ここで注目すべきは、先の⑤「気多社書上」では、鵜の行き先は信濃の諏訪であったが、ここでは越後の能生（能生権現）とされている点であり、鵜の行き先としての能生説は文献上の初見である。いずれにしろ〈年占〉の記述はない。

文書⑲「能州紀行」は、鵜祭に関しては、気多神社の項ではなく鵜浦の項で触れるだけで、「又鵜浦有。此浦より毎年代る〳〵、一ノ宮権現へ鵜祭の鵜を取て奉るなり。番に当りたる者を鵜取兵衛と云と也」と記されているだけだが、既述のように鵜捕部は二十一家（後に二十家）全体をいうのであるが、近世には鵜を捕って運ぶ当番だけが「鵜取兵衛」と呼称されていたことがこの文書からわかる。いずれにしろ〈年占〉に関する記述はない。

文書⑱「能登浦伝」、⑳「能登みやげ」および㉗「能登の海」における鵜祭に関する記述は、ともに前掲⑯「珠洲の海」の記述をほぼそのまま踏襲しており、したがって〈年占〉に関する記述はもちろんない。

「能登名跡誌」

文書㉔「能登名跡誌」は、能登に関する地誌、紀行文としては最も広く知られたものであり、民俗学者の柳田国男も能登に言及する際にはしばしば本書を参照していることでも知られる。ちなみにこれと並んで柳田が能登に関してよく参照したのは、一九二八（昭和三）年刊行の『石川県鹿島郡誌』であり、この書の表題は依頼された柳田の筆になるものである。

この「能登名跡誌」での鵜祭の関する記述は以下のようである。まず「毎年十一月中の巳の日は鵜祭とて、昔は代々帝より勅使ありて、四方にかくれなき祭禮也」として、鵜祭が広く知られた祭りであることを記した文献上の初見である。ただし鵜祭神事を午の日ではなく「巳の日」としたのは不明である。鵜浦で捕獲した鵜を気多社まで運ぶ際に十一里の道中、「道すがら勧進」すると書く。途中の所口（七尾）の気多本宮では、その時「新嘗の祭禮とてあり」と記すが、気多本宮の新嘗祭に鵜捕兵衛たちが参列したとは明記していない。現在では鵜捕部はこの新嘗祭（土地の人々はこれを鵜祭といっている）に参列し、神供の中心であるかのように鵜を籠のまま神前に供えるが[17]（写真3）、鵜捕部が本宮の新嘗祭に参列する慣行が近世以来続いていたものかどうかは疑わしい。なおこの点については注1に挙げた拙稿「近世の鵜祭」を参照されたい。

次に所口（七尾）を出て「良川村の宮にて一宿」とある。現行の鵜様道中では、古くより良川村（現・中能登町良川）では「鵜家」家に宿泊することになっているが、ここでは「宮にて一宿」とされている。その宮とは、「鵜家」家近くの良川の氏神神社である白比古神社であると推測されるが、後述の文書では他の村の異なる神社名が記されており、その真偽はわからない（後述）。こうして次の日に気多神社に到着するのである。本書は、このように鵜浦を出発した後、所口（ここでの宿泊は記されていない）、良川を経て気多社にいたるという「鵜様道中」の過程を明記しており、道中過程の記述の文献上の初見である。

以下、鵜祭神事を記すが、「丑の刻に神前へ鵜をはな」した後、放たれた鵜が自ら階を登り、「戸帳の前にて羽叩して跪く所をとらえて海へ放つ」という、従来の地誌類と同様な神事の様態を記す。海辺で放たれた鵜が、「越後國中山之神社能生権現の磯に寄る」として、文書⑰「加越能旧跡緒」（「加能越金砂子」）と同様、鵜の行き先としての能生説を踏襲している。

写真３　気多本宮の拝殿奥中心に置かれた鵜の入った鵜籠（2018年12月13日、筆者撮影）

ただこの書は、能生と気多ないし鵜浦との関係の由来を以下のように説いていることが注目される。それは「北島の女神」がある時、鵜浦の磯辺に寄り給い、「一宮の御神」と夫婦になったが、その後仲が悪くなり、女神は越後の能生に飛び、その地の社地に「跡を垂れ給ふ」という。能生権現も中山の郷であり、鵜浦も中山の郷だというのである。ここで「北島の女神」とは、『古事記』や『出雲国風土記』に登場する（『日本書紀』には登場しない）ヌナカワヒメ（沼河比売ないし奴奈宜波比売命）であり、「一宮の御神」とはいうまでもなく大己貴命である。日本神話から取って付けた話であろう。しかしこの話はその後の文書にもしばしば書かれたものであり、そうしたものの文献上の初見である。

いずれにしろこの文書にも〈年占〉に関する記述はない。

「能登誌」「能登路記」

文書㉕「能登誌」は同じ太田道兼の作であり、文書㉔「能登名跡誌」と同様な記述ながら、一点、注目すべき新たな記述がある。それは、鵜様道中の途中の良川村での宿泊で、文書㉔「能登名跡誌」では「良川村の宮にて一宿」とあったが、ここでは「良川村能登姫神社で一宿」と書かれている。「良川村の宮」とは白比古神社ではなく能登姫神社ということになるが、それは良川ではなく、少し離れた能登部下にある神社であり、「能登比咩神社」と表記される。能登姫神社がかつては良川にあったのか（管見の限り移転の記録はない）、あるいは良川ではなく能登部まで行き宿泊したのか、作者の誤りなのか、この辺の事情は不明というしかない。〈年占〉に関する記述はないのは同様である。

文書㉖「能登路記」も前二書と同様、作者は太田道兼であり、鵜祭に関する叙述内容もほぼ同文であるが、いくつか異なる箇所もある。その一つに「鵜鳥兵衛（ウトリベ）と天（て）道す可（が）ら勧進春（す）」（フリガナは原文の通り、（）内は筆者による―以下同様）という文章がある。前の⑮「能登釜」の項で示したように、「鵜鳥兵衛」も「鵜捕部」と同様、「ウトリベ」と読むことがここに示されている。次に良川村での宿泊の件であるが、文書㉔「能登名跡誌」では「良川村の宮にて一宿」という記述であり、文書㉕「能登誌」では「良川村能登姫神社で一宿」であったが、この「能登路記」では再び「良川村の宮尓天（にて）一宿」となっていることを付記しておきたい。〈年占〉に関する記述はないのは同様である。

なお現在の鵜捕部の良川での宿は、「鵜家」家であり、古くから篤志をもって鵜宿を務めてきたことが知られる良川の旧家である（写真4）。しかし同家がいつ頃から鵜宿を務めるようになったのかはわからない。文献上の初見は、一九〇九（明治四十二）年刊行の『鹿西地方生活史』であり、そこには「良川村鵜兵衛に宿る」とあり、「しかして今鵜家を以て姓とし当主を鵜家与吉という」と書かれている。(18)

以上、近世の地誌、紀行文等を見てきた。これらの記述は、市田雅崇が言うように「当時すでに儀礼の説明がつかなくなった鵜祭に対する好奇のまなざしであり、奇異に映った点あるいは奇瑞に関する部分的な記述であった」(19)と言えよう。もし実際に鵜祭で〈年占〉が行われているならば、奇異、奇瑞等の興味ある伝聞を記述したこの種の紀行文ならば、当然にそれを記していると思われるが、どの文書にも、〈年占〉に関する記述はまったく見当たらないのである。

写真4　鵜家家を出る鵜捕部（2018年12月14日、筆者撮影）

五　近世中後期の文書

再び鵜捕部について

文書㉑「気多本宮縁起」は七尾の気多本宮の縁起を記したものだが、鵜祭については以下の記述がある。十一月の卯辰の日の当社の新嘗祭（「此祭を柏祭と號す」とあるが、既述のように今は地元の人々はこれを鵜祭といっている）について述べた後、「一宮にては巳の日新嘗、午の夜鵜祭あり、古来より鵜捉戸（ウトリヘ）と云民戸ありて、鵜を捉て献レ之、此處を角島と云」（フリガナは原文）と記す。ここで注目されるのは「鵜捉戸（ウトリヘ）」という表記である。既述のように近世の紀行文等では「鵜捕兵衛」と表記されていたが、「鵜捉戸（ウトリヘ）」という表記はこの書の独自なものである。いずれにしろその呼称は「ウトリベ」である。

なお明治期の日録や通信文書にも、一八九四（明治二十七）年の二十一家に対する「鵜捕部任命状」発行以前から、「鵜捕部」、「鵜鳥部」、さらには「鵜部」という表記が見られる（前掲拙稿「明治・大正期における鵜祭の諸相―気多神社日誌・通信記録から―」を参照）。こうした表記から、筆者は、未だ明確な典拠が見いだされないとはいえ、この「鵜捕部」ないし「鵜部」が古代における朝廷直属の部民である「鵜捕部」（朝廷直属の鵜飼に対して鵜を捕獲し貢納していた部民）の名残であろうと推測しているが、この点に関しては前掲拙稿「鵜祭とは何か―〈イケニエ〉、〈放生〉、〈年占〉を巡って―」を参照されたい。いずれにせよ、この文書㉑「気多本宮縁起」でも鵜祭に言及しているとはいえ、〈年占〉に関する記述はない。

勅使の問題

文書㉓「気多大社由来」は、いくつかある気多社縁起の中でも鵜祭に言及したものであるが、鵜祭に関しては、勅使参向が二か所で記されているだけである。一つは「奈良天皇御宇十二月鵜祭之規式別而依二御感一勅使中納言大伴家持有二下降一」とあり、奈良天皇（平城天皇の別名）の時代に、「別而」（べっして）「御感」（天皇の感心）により、大伴家持が勅使として下向したというのである。もう一つは「六十一代朱雀院承平元年十一月気多神社江神寶御寄附アリ鵜祭之式勅使奏聞」とあるが、勅使の名は記されていない。

問題は前段の記述にある。奈良天皇の別称である平城天皇は平安初期の天皇であり大伴家持とは時代が合わない。また家持は越中国守として「出挙」のための能登巡幸の途にあったのであり、鵜祭のための勅使ではない。この点は、既に明治期に森田平次（柿園）が「能登志徴」で同様の指摘をし、「中納言家持卿」は「奉幣使などにてはあらじ」と記している[20]。この記述は、『万葉集』に載る家持の気多社参詣と鵜祭を強引に結びつけたものであって、極めて疑わしく脚色と解するほかない。今日の新聞報道にしばしば鵜祭が奈良時代から続いているとの記事が散見されるが、この縁起の大伴家持参向の記述を根拠としているのであって、鵜祭は奈良時代にはあったという説は明確な根拠はまったくない。ともあれこの文書においても〈年占〉に関する記述はない。

「一社故実伝幷祭儀録」

文書㉘「一社故実伝幷祭儀録」は、未公刊ではあるが、羽咋市立歴史民俗資料館に寄託されている「気多神社文書」のなかにあり、近世の鵜祭の様態を最も詳細に記述している文書である。ただ成立年代は不明であり、小倉学は「江戸中期頃」と推定しているが[21]、その根拠を示していない。筆者も、次に紹介する文書㉙「能州一宮鵜祭之規式」より以前に成立していたものと考えている（後述）。なおこの「一社故実伝幷祭儀録」については、注1で挙げた拙稿「近世の鵜祭」で論じているので、本稿では要点のみを記しておきたい。詳細については同拙稿を参照されたい（写真5）。

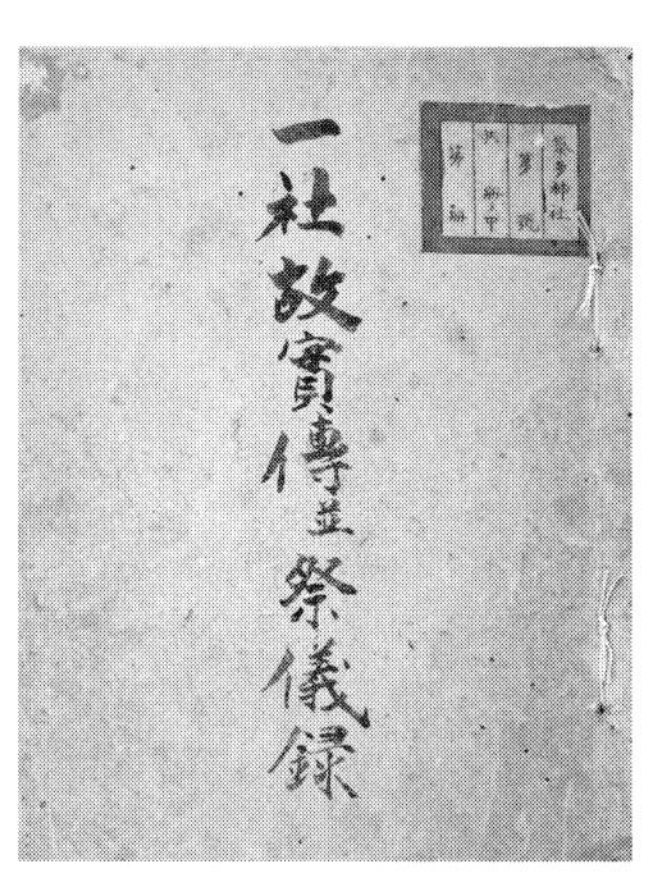

写真５　「一社故實傳幷祭儀録」表紙
（2019年12月25日、筆者撮影）

この書でまず注目されるのは、近世における鵜祭の日時についてである。これまでの文書でもその日時は十一月の「午日丑刻」と記されてはいるが、午日は月に一度とは限らず、一度ないし三度ある。この文書は「當月六日ヨリ十七日迠ノ内の午ノ日ナリ　但シ二ツ有レハ初午三ツ有レハ中午ノ日也」と記して明確にしている。こうした記述は後の諸文書にも散見されるが、その初見はこの文書である。

なお鵜祭の行われる「丑刻」であるが、江戸期における一日の始まりは、現代のような午前零時ではなく、夜明け（明六つ）である。これまでの諸論考の中には、鵜祭が実際に行われるのは午の日の翌日である未の日だとの記述もみられるが、それは現代風の時間であり、当時は午の日の丑の刻である。

鵜様道中についても、本文書は詳細に記述している。紀行文ではなく原資料では初めて、鵜様道中の行程が記載されている。まず鵜を運ぶ当番（鵜捕兵衛）の数を明記した初見であり、一人が鵜籠を背負い、一人は「脇副」として鵜浦を出発すると記され、二人であることがわかる。現行の三人の当番体制になった点については後述する。

また鵜捕兵衛が所口（七尾）に到って、「郡司」＝「今ハ所司代」を訪問し、所司代は、「鵜ノ初尾」（神に捧げるその年最初の収穫物）として「白穀一舛二合」、「中折紙一束」、「青銅」「百二十文」を献上する、といった統治機関との関係も記され、本文書独自の記述である。現行でも鵜捕部は七尾市役所を表敬訪問はしているが、もちろん何らかの献上を受けることはない。七尾においては「鵜浦宿」で宿泊し、「二夜泊」とあって、七尾の宿が「鵜浦宿」という所であり、そこに二泊するということは、文献上の初見である。またこの両日に七尾を廻り鵜の「初尾」の「白穀」を受けるということが、文書㉔「能登名跡誌」における既述の「道すがら勧進」ということとの内容であったと考えられる。なお現行では七尾では「さたみや旅館」に一泊である。(22) またこの文書では気多本宮の新嘗祭に参列するという記述はない。

七尾を出た後、「良川村エ宿」とあるが、既述の文書のような「宮に宿」といった記述はなく宿所は不明である。翌日、良川を出て昼に金丸の「像石ノ神社」（宿那彦神像石神社）に到り、そこで鵜の餌として「鮒目ノ下八寸七十五」匹の献上を受けるとされる。この金丸についての記述には後の文書㉜「梶井家年中行事記」により詳細でやや異なる記述があり後述する。ともあれ「像石ノ神社」に立ち寄るとするのはこの文書だけの記述である。なお現行では、宿那彦神像石神社に立ち寄ることはなく、そこの宮司である梶井家自邸で昼食をとるだけである。

気多神社到着後

気多神社到着後の二人の鵜取兵衛の行動について、詳細に記述するが、こうした記述は本文書に初めて記されたものである。後の明治期の文書である注16で示した「旧式鵜祭」は、気多到着の鵜取兵衛の行動を神職の具体名を挙げながら再述しているが、この点については前掲拙稿「近世の鵜祭」を参照されたい。ともあれ「一社故実伝幷祭儀録」によれば、鵜取兵衛の一人が大行事（神職）の案内で、献上品の鱈や牛蒡などをもって、大宮司や気多神宮寺の座主である長福院等に挨拶に行く次第が記され、また大行事方が鵜取兵衛の「格宿（キマリヤトリ）」（定宿）であったとされる。気多神社での宿についての文献上の初見である。(23) 鵜取兵衛の気多神社到着と同日、石動山宝池院から「鵜樽」と呼ばれる樽に入れられた神酒や「肴三種」が「鵜樽使」に運ばれ気多神社に献上される。その夜、神職、鵜取兵衛や鵜樽使を含めて、正大宮司方で新物到着の祝いが行われ、翌朝には権大宮司方でも同様な祝いが行われるという。また昼には社僧方において、鵜取兵衛二人に食事が「振舞」われるとする。鵜祭を巡る気多と神宮寺との交流、つまりは気多と仏教寺院との関係については本文書が初見である。他方、この両日の間、既述の「勾当」という神職により、四度の「鵜ノ清メノ祓」がなされ、また鵜に対する「餌止（トメ）」（餌を与えることを止める）がなされることを記す。以上についての詳細は、前掲拙稿「近世の鵜祭」を参照されたい。

館居行事と鵜祭神事

その後真夜中に至っていよいよ鵜祭神事が行われるが、その前に一つの行事が行われる。本文書にはその行事の名

称は書かれていないが、明治期の文書である前述の「旧式鵜祭」には、それを「館居行事」と呼んでいる。この「館居行事」という語については、既に戦国期の文書④「気多社祭儀録」に「午日　館居神事　同日鵜祭」という記述があることを述べたが、その「館居神事」にあたるものと考えられる。「館居行事」とは、本来の神事が行われる神殿・拝殿等の宮ではなく、近接する斎館で居ながらに行われる行事という意味であろうが、それは、神官たちが神酒とカワラケ（盃）をともに地面に投げ捨てカワラケを割る所に特徴があり、この行事の次第を記した初見である。後にこの行事は「八神式」と呼ばれるようになり現在に至る。これらの諸点についても詳細は、前掲拙稿「近世の鵜祭」を参照されたい。

写真6　鵜祭で神職により捕らえられた鵜（2018年12月16日、筆者撮影）

　次の鵜祭神事そのものの記述は詳細を極める。参列する神官とその座順、使用する祭具、神饌、読み上げられる祝詞、神楽の演奏と巫女の舞、今日まで続く神官と鵜捕部の問答（前掲注13参照。この問答が江戸期からまったく変わらずに今日まで続いていることが、この文書から明らかになる）等が記述され、それらはいずれも本書が文献上の初見である。その後は鵜を神前で放ち、神官がこれを捕らえ（写真6）、海浜に運んで再び放つといったこれまでの諸文書でも書かれた次第を叙述している。

　神事の詳細を極めたこの文書でさえ、鵜の動きによって〈年占〉がなされることの記述はない。しかし鵜の動きに関して、他にはない本書だけの注目すべき記述がある。それは、放たれた鵜がスムーズに神前に登らない場合、清めの祓い・清めの神楽が行われるが、それは、もし宮の中に「汚穢非常ノ輩」がいるときは、必ず鵜は神前に向かわず、そうした時に清めの祓い・神楽を行うことによって、「汚穢悪心者」を追放し宮を清める、そのことによって「神ノ怒ヲ解ク」というのである。換言すれば、この鵜の動きが神の意思を表していることになる。鵜の動きによる神の意思の表示とは、巷間いわれる来年の〈年占〉ではなく、宮の中の穢れの有無に関するものであったことを、この文書は明確に示しているといえよう。

新たな鵜祭解釈へ

さてこの文書は、不思議なことにその最後に、「鵜祭ハ舊事本紀第三天神ノ本紀ニ曰（イ）」というタイトルのもと、『先代旧事本紀』巻三「天神本紀」の全文を十二葉にわたり長々と忠実に書き写している。同書による天孫降臨と大己貴命による国譲りの物語を、なぜここで長々とこれを書き写しのであろうか。これについては拙稿「近世の鵜祭」で述べたが、以下その要点を再録したい。

そのタイトルから解釈すれば、鵜祭は「舊事」（『先代旧事本紀』）の「天神本紀」に書かれているということであり、鵜祭の起源と意味もそれによってわかるということであろう。それではそこに鵜祭は書かれているのであろうか。実は鵜祭そのものについてはまったく書かれていないのである。ただ一節のみ次のような件が記されている。なおこの部分は『日本書紀』にはなく『古事記』にある部分である。大己貴命が国譲りを終えた後、「水戸神速秋津日命之孫」である「櫛八玉神」が「膳夫（カシハテ）」となって、大己貴命に「御饗（ミアヘ）」（御馳走）を差し上げる際に、「櫛八玉神」は「化（ナリ）レ鵜（ウト）入二海底（ウナソコ）一」、底の埴土をくわえ出て多くの「毘良迦（ヒラカ）」（お皿）を作り、「海藻（ウナモ）」の茎を刈り取って「燧臼（ヒウチウス）」を作り、「海蓴（ウミヌ□ハ）」の茎で「燧杵（ヒウチキ子）」を作り、火を起こして「獻二天真魚咋（アマノマウヲクヒ）一也」（魚料理を作って献上した）と。長文の「天神本紀」のなかで、鵜に関係するのはこの一節だけなのである。

既に文書⑯「珠洲の海」に示したように、鵜祭に関する詳細は不明であり、「俗説」は「区々」（まちまち）であって、どれも採用することができないとしていた。江戸時代の気多神社の神官たちにとっても、確実な鵜祭の意味とその起源はもはや忘れさられていたのであろう。おそらく神官たちはあいまいな「俗説」には満足せず、古い文献に基づくより確かな鵜祭の起源と意味を求めたと思われる。その結果に見出されたのが、この「化（ナリ）レ鵜（ウト）入二海底（ウナソコ）一」の一節であったろう。こうして鵜祭は『先代旧事本紀』（ひいては『古事記』）に関係づけられ、「神代の時代」から受け継がれるものとなったのである。

先に鵜祭の際の祝詞があると指摘しておいたが、その中の一節にある「天津御舎（ミヤ）仁膳夫（カシハデ）御饗（ミアヘ）於備（ソナヘ）化鵜（ウトナリ）取魚（スナドリ）弖天真魚咋美進矣（アマノマウラ・クイタテマツリス）」は、まさに『先代旧事本紀』の一節を、鵜祭の祝詞に取り込んでいるのである。江戸時代の気多神社の神官たちにとって、その一節はようやく発見された古典の一節であったに違いない。これが本文書の最後に『先代旧事本紀』を長々と引用した理由であったと考えられる。そして次に取り上げる文書㉙「能州一宮鵜祭之規式」にそれを取り込んでいるのである。

鵜祭由来伝承の新たな創作

文書㉙「能州一宮鵜祭之規式」は、加賀藩寺社奉行に対して、気多社神宮寺である長福院の座主と気多社大宮司櫻井多膳が連名で提出したものであり、鵜祭を多方面から扱っている。それによれば、鵜祭神事の前からの「斎之神事」といわれる「物忌」と門前禁足、鵜祭前日に行われる新嘗会、その日の午刻から鵜祭執行までの「鳴物」の厳禁、鵜の到着といったことが記された後、鵜祭の由来に言及し、「元来此祭リハ当社之神躰大己貴命其子ニ櫛八玉神鵜与現シ給ヒ海底ニ入、魚ヲ取テ父ノ神江備シヨリ此神事始与申傳候」と書いて、大己貴命の子である櫛八玉神が、鵜となって海に入り魚を取って父の神に備えたことから始まったと伝わっている、とする。その後に但し書きとして「但旧吏記・古吏記ニ有之候」として『先代旧事本紀』、『古事記』にこのことがあると明記しているように、これは先の文書[28]「一社故実伝幷祭儀録」の最後で指摘したように、『先代旧事本紀』「天神本紀」から取り込んだものであり、ただ櫛八玉神が水戸神の孫から大己貴命の子に変えられただけである。櫛八玉神を大己貴命の子として由来伝承に取り入れることによって、伝承Cが創り出されたのである。伝承Cの文献上の初見である。その後に二つの説も挙げているが、一つは鵜は諸魚の悪を呑む霊長だからとし、二つは勅使下降時に一羽の鵜が飛来し神前に羽を垂れたという文書①謡曲『鵜祭』および②「古縁起」と同様な記述である。これらは鵜祭の起源伝承とは言い難い。

その後、これまでの文書と同様な鵜祭神事の次第を述べる。この文書も、鵜祭儀礼に関するかなり詳細な記述であるにもかかわらず、〈年占〉に関する記述はまったくなく、神事における〈年占〉はなかったといってよい。ともあれ神事の後、放たれた鵜は、信濃国「諏訪之社」、また越後国「鵜之社」の海辺へ着するとして、鵜の行き先である「諏訪説」と「能生説」の二つともに挙げ[24]、この両社にも「鵜之祭」があるといわれる、としている（実際は両社でそうした祭は存在しない）。

さらに謡曲鵜祭に触れ、また「鵜田」については、「御元祖様」（前田利家）から、鵜浦村百姓二十一人に「鵜田」が与えられ、その内当番二人が鵜祭に鵜を運ぶために、村を出て所口（七尾）で「弐宿」、良川村で「一宿」して一宮に到着することが毎年のことと定まっているとし、鵜を運ぶ両人を「鵜取」と呼んでいると記す。

概ね以上が「能州一宮鵜祭之規式」の内容である。そこには、鵜祭の由来伝承Cが初めて記されている点、鵜の行き先は諏訪と越後の双方が記されている点、謡曲「鵜祭」への言及がなされている点が注目される。

ここで本論から離れるが、五つの鵜祭由来伝承のうち、これまで三つの伝承が現れたが、この機会に残りの伝承B

とEについて述べておきたい。鵜浦の神である御門主比古神と同じく同地の神である櫛八玉神とが相談し、櫛八玉神が鵜に変身して海に入り、魚を捕えて大己貴命に献上したことに由来するという由来伝承Cは、櫛八玉神を能登の鵜浦の神に変更することによって成立することになる。この伝承が文書の中に表れるのは、管見の限り、かなり遅く一八九七（明治三十）年になってからである。羽咋市立歴史民俗資料館に寄託された「気多神社文書」の未公刊の「国幣大社昇格願」という文書の付属文書の「国幣中社氣多神社御由緒調査書」の一つとして、「国幣中社氣多神社畧（略—筆者）記」があるが、そこに以下のような記述がある。大己貴命が鵜浦の神門島に着いたとき、この地の産土神である御門主比古神が鵜を捕えて献上したことに由来するというAの伝承を述べた後、「古老口碑」として「年中行事ニ櫛八玉神鵜ニ化リテ海底の埴ヲ取出テ天八十毘良迦ヲ作リ天ノ真魚咋ヲ大己貴大神に献リ給ヒシ古式ヲ傳フルモノナルベシ」と記す。ここにようやく由来伝承Cが表れるのである。もともと能登には存在しなかった櫛八玉神を、御門主比古神社に合祀された阿於大明神社の祭神にもってくることによって、伝承Cは創造されたといえよう。(25) 管見の限り、江戸期の文書はもちろんのこと明治初期の文書においても、阿於社の祭神を櫛八玉神とする文書は見当たらず、祭神は阿於大明神である。

この伝承Cは、その後、一九〇九（明治四十二）年に公刊された『羽咋志』に取り入れられる。そこには「「気多神社由緒調査書」に拠る」として、由来伝承Aを既述した後、「古老の口碑には御門主比古神と謀り櫛八玉神鵜に化して海中の魚を取りて大己貴の大神に献りし古式なりとも傳ふるなり」(26) と、前述の「国幣中社氣多神社御由緒調査書」をそのまま踏襲しているのである。明治期末、特にこの『羽咋志』の刊行をもって伝承Cは定着していったものと思われる。

最後に、鵜祭はもともと人身御供が用いれたが、後に人に代えて生贄として鵜を捧げるようになったことに由来するという伝承Eについてである。この伝承は、中山太郎編『日本民俗学辞典』（梧桐書院、一九三三年）に書かれたものだが、加能民俗の会初代会長の長岡博男も「気多の鵜祭」と題する小文の中に「私達が幼時老人杯から聞かされてゐた話では昔は人身御供をしたのが後に鵜を生贄に捧げるようになったのだと云ふ事であった」と記している。[27]ただ今日この種の伝承は、管見の限り、いかなる文書にも見出すことはできず、また筆者の聞いた範囲でも、もはやどこにおいても聞くことができなくなっている。

「〈年占〉＝民間習俗」説の根拠

これまでの諸文書で示したように、鵜祭神事そのもののなかで〈年占〉が行われていたことを明示したものはなかった。こうした中、注目されるのは文書㉚「文化三年由来書上」である。それは大宮司櫻井多膳が加賀藩寺社奉行所に提出した書上であるが、〈年占〉に関する注目すべき記述が認められるからである。そこには鵜祭について、鵜が能く階を登って壇上に進み、また進まざる年もあるとした後、「俗ニ豊凶之前表止申伝也」と記す。すなわち鵜の動きが豊凶の前触れを表わすと、「俗」において申し伝えられているというのである。〈年占〉は鵜祭の神事そのものの中で行われるのではなく、「俗」の村人達がそのように言い伝えていると読める。ただこれだけではやや明確さに欠ける。

しかしこの点をさらに補強する文書が明治期に見ることができる。それは、羽咋市立歴史民俗資料館に寄託されている「気多神社文書」の中にある未公刊の一八九二（明治二十五）年の「国幣中社氣多神社一社傳来之祭典儀式」であり（写真7）、そこには以下の記述がある。「里俗ニ云、鵜ノ神前ニ進方ニヨリテ、当年ノ豊凶或ハ漁業ノ幸不幸ヲ試ケル習例アリ」とある。〈年占〉については、「里俗」、すなわちその土地の人々によって行われている風習であり「習例」だとしているのである。ここに至って、鵜祭そのものの基本的性格として〈年占〉があるのではなく、それは

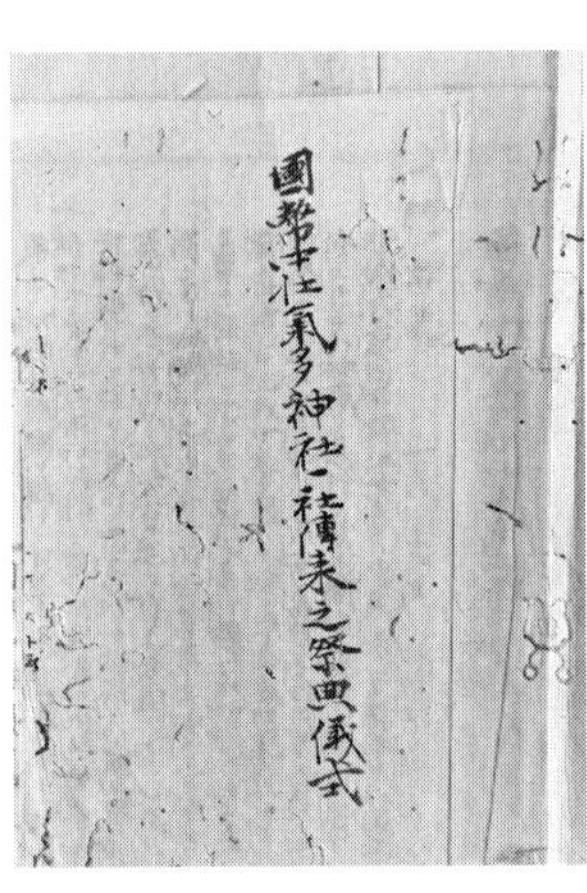

写真7　「国幣中社氣多神社一社傳来之祭典儀式」表紙（2020年1月6日、筆者撮影）

「民間習俗」であるということがもはや明白となったといえよう。

なお鳥による〈年占〉については、全国的に烏勧請（からすかんじょう）の習俗や御鳥喰神事（おとぐいしんじ）（ないし鳥喰神事（とりばみしんじ））のなかに、〈年占〉を行う事例があることが知られている。烏勧請とは、家々の年中行事として、ある特定の日に（正月行事として行う例が多い）、戸外でカラスの飛来を待ち、あるいは呼び寄せて、餅や団子などの食物を供与する習俗であり、東北・関東に濃密であり、全国各地にある。その際、カラスが食べるか否か、ないしはどのように食べるかで神意を占う習俗が付随する場合もある。これは「民間習俗」であって神社の神事として行われるものではない。こうした習俗が神社の神事の中で行われるのが御鳥喰神事であり、主に西日本の神社に分布し、小社だけではなく、広島県の厳島神社、愛知県の熱田神社、滋賀県の多賀神社といった大社でも行われている。鴉祭と御鳥喰神事との異同ないし関連については、今後の課題としておきたい。

六　近世末期の文書

「能登国神異例」

㉛「能登国神異例」は、幕末、神代神社（かくみ）（羽咋郡志賀町）の神主として知られた水野三春の、能登国内九神社の神異や霊験譚を集めた遺稿であり、その冒頭に鴉祭に関する記述がある。そこでまず注目されるのは、鵜浦村に「鵜取（ウトリ）

部とて代々相続ける村民弐十壱人あり、此祭の鵜をとりて貢く役なり」という記述である。既述のように近世においては「鵜取兵衛」という表記であったが、近世で初めてかつ唯一の「鵜取部」という表記が表れる。もう一つは、「弐十壱（二十一）」人が鵜を取る役でもあるという点であり、近世幕末期までは、「鵜捕主任」あるいはそれ以前の「與四兵衛」といった捕獲専任者がいたのではなく、二十一家共同で捕獲の任にも当たっていたであろうと推測されるのである。

次に「弐十壱人の内三人をもて一年の当役と定め、其三人より其年の鵜をみつき、且ツ鵜田を作るなり」とある。これまで鵜を運ぶ当番は二人であったが、ここでは三人体制となっている。ちなみに一八七四（明治七）年の気多神社の「当直日記」には十二月十五日の項に「鵜鳥部三人者藤井政行方為止宿致候事」とあって、明治初年には三人体制であることがわかる（前掲拙稿「明治・大正期における鵜祭の諸相―気多神社日誌・通信記録から―」を参照）。幕末頃に二人から三人体制になったと考えられる。

さらに鵜浦を出発した三人は、「此夜七尾の気多本宮に宿る、ここに神事あり、次の日、気多本宮を立て一宮に着く」と記す。注22でも述べたが、幕末頃には、七尾の宿は「鵜浦宿」から気多本宮に代わっていたことがわかる。またここでは良川での宿泊は書かれてはいない。自然の鵜を相手とするものであり、いつも予定の日までに捕獲できるとは限らず、捕獲日が大幅に遅れた場合には、七尾や良川に宿泊せずに鵜浦から直接に気多神社に運ぶことがあったようであり、七尾や良川に必ず宿泊するとは限らなかった（同上の拙稿を参照）。

その後この文書は「神事次第」というタイトルで、これまでの文書と同様の神事の式次第を記す。しかしこの式次第の中には〈年占〉に関する記述はない。

式次第の後、本文書のタイトルである「神異例」が列挙されている。放たれた鵜が死してその骸が越後能生の「鵜の石」に流れ着き、鵜が放たれたころには「能生の海なべて血の色になると」言い伝わっていること、「鵜祭には必ず雪降るといえり」とされ、次の年の六月に（その時まで鵜が捕れなかったのであろう）鵜祭が行われた時にも雪が降ったということ、また昔鵜が荒れて四代前の大宮司の顔を傷付けたことがあり、その大宮司の家が断絶したこと、さらに前大宮司の手の指先を鵜が噛み食ったことがあり、次の年に病でその大宮司が死亡したこと、そうした虚実取り混ぜた「神異」が語られている。しかし「神異」であるべき〈年占〉に関する記述はない。

「梶井家年中行事記」

文書㉜「梶井家年中行事記」は、鵜様道中の途次立ち寄る中能登町金丸の神職（宿那彦神像石神社をはじめ近郷多くの神社を兼帯）、梶井家に伝わる文書であり、幕末の梶井家当主、梶井房重が記したものである。小倉学は、この文書の成立を元治元年（一八六四年）頃と推定している(28)。

この文書で注目されるのは、「卜喰神事」（今は行われていない）についての記述である。それは、鵜捕部が金丸に至り、梶井家で昼食をとった後（現在でもそこで昼食をとる）、しばらく行った「鵜石」と呼ばれる巨石の上に鵜籠をおいて行われた神事である。この近くには鎌宮諏訪神社があり（明治の神社合併政策で近くの宿那彦神像石神社に合併された）、神事では、祭神の洲端（諏訪）大神から、宿那彦神像石神社の祭神・少彦名命へ鯉を四十余尾、気多神社の祭神・大己貴命へ十余尾を奉るとともに、鯉十一尾をこの石の上で鵜に食べさせる儀礼が行われた。その際、鯉を空中に投げ（「投飼」）、空中で受け取らない時は鵜の口に入れる（「養飼」）。投飼の際には来年の国土が安穏の予兆であり、養飼の際には不穏の予兆とされたのである。これは、明らかに鵜による〈年占〉が行われていたことを示すものではあるが、それは気多神社の鵜祭で行われたものではなく、また気多神社で〈年占〉が行われたことを示す記述もないのである。

七　結びにかえて

以上、鵜祭に言及した文書を逐一検討してきたが、鵜祭神事そのものにおける〈年占〉の記述はまったく見いだせない。まぎらわしい文書として⑦「前田利家書状」等があるが、これらとて神事において年占が行われていたことを証するものではない。他方、神事の詳細な式次第を記した文書は数多く、近世までの文書だけではないのであって、明治期の文書においても式次第を詳細に記述したものとしては、未公刊の「気多神社文書」の中に、一八七四（明治七）年の「気多神社年中行事」、一八八六（明治十九）年の「鵜祭式目」、既述の一八九二（明治二十五）年の「国幣中社気多神社一社伝来之祭典儀式」、さらには既述の気多神社の「社務日誌」の中にも式次第に関する多くの記述がある。しかしそれらにはどれも、神事の中に式次第として〈年占〉がなされたという記述は全くないのである。逆に、〈年占〉が「民間習俗」であることは、既述のように㉒「文化三年由来書上」と「国幣中社気多神社一社伝来之祭典儀式」において、明白に示されているのである。鵜祭の基本的性格は、本来、初贄としての〈イケニエ〉の鵜を貢納・献備する新嘗祭であり、その貢納された鵜を〈放生〉する、〈イケニエ〉と〈放生〉の祭であるといえよう。〈年占〉はそうした鵜祭の際に「里俗」の村人たちが行ってきた「民間習俗」であったということができる。

※なお、執筆にあたっては、鵜祭研究の先達、市田雅崇氏より、多くのアドバイスをいただいた。また古文書解読については、羽咋市立歴史民俗資料館で月一回行われている「古文書を楽しむ会」の講師役、西部作先生に逐一ご指

導をいただいた。感謝とともに御礼を申し上げたい。

注

（1）拙稿「鵜祭とは何か―〈イケニエ〉、〈放生〉、〈年占〉を巡って―」『加能民俗研究』第五一号、二〇二〇年。同「明治・大正期における鵜祭の諸相―気多神社日誌・通信記録から―」『加能民俗研究』第五二号、二〇二一年。同「近世の鵜祭」『加能民俗研究』第五三号、二〇二二年。

（2）小倉学「鵜祭考（二）」『加能民俗』第十三号、一九五二年。

（3）小倉学、同上、六―七頁。

（4）筆者は、戦前の大阪朝日新聞北陸版（後に石川県版）および北国新聞の戦前の鵜祭記事を調査したが、驚くことに、それら記事には鵜祭の〈年占〉がまったく書かれていないのであり、〈年占〉に関する最初の記事は、戦後、前掲小倉論文の書かれた翌年の北国新聞一九五三（昭和二十八）年十二月十七日朝刊においてであった。なお、こうした点については後に、別稿を予定している。

（5）中村生雄「祭祀のなかの神饌と放生　気多大社「鵜祭」の事例を手がかりに」『祭祀と供犠』法蔵館、二〇〇一年（初出「祀りと儀礼」、長谷正當他編『宗教の根源性と現代』第一巻、晃洋書房、二〇〇一年）。

（6）とはいえ鵜祭が古代以来の〈イケニエ〉祭祀であるという点は、現状では受け入れがたいが、この点については本稿では触れない。

（7）気多神社の文書は、いまだ公刊されていないものも多くあり、現在、羽咋市立歴史民俗資料館に保管されている。主要と思われる文書はほぼ目を通したとはいえ、その中にはなお未読の文書もいくつかあることを断っておきたい。

（8）小倉学、前掲論文、八頁。

（9）小倉学は前掲論文で、謡曲が先であろうと推測しているが、その根拠は必ずしも明確ではなく、後の彼の論考ではその後先を言わなくなっている。

（10）「ゆのごう」が鵜浦であるとの推測については、田川捷一・和田学「鵜祭の道」、石川県教育員会編『歴史の道調査報告書　第5集　信仰の道』石川県教育員会、一九九八年、後、田川捷一『加賀藩と能登天領の研究』北國新聞社、二〇一二年、に収録、二四九頁。

（11）田川捷一、前掲書、二四七頁。

（12）市田雅崇「儀礼のなかの大きな物語と小さな物語―鵜祭と鵜を迎える人たち―」『國學院大學日本文化研究所紀要』第九九輯、二〇〇七年、一〇三頁。

（13）吉野亨「気多神社鵜祭について」『特殊神饌についての研究』武蔵野書院、二〇一五年、二八二頁。

（14）鵜が〈イケニエ〉である点については、異論もあるだろう。というのは、鵜は鵜浦で捕獲された直後から、「鵜様」と呼ばれ、鵜の動作についてもすべて敬語で表現されるのを常とするのであり、まさに神そのものとして扱われるからである。しかし神への〈イケニエ〉は、神そのものであるがごとく扱われるのは、世界の各地でなされることである。なお、中村生雄は、鵜が〈イケニエ〉であることの傍証を以下のように指摘している。それは、鵜が一宮に到着してからしばらく後に一切の餌を与えることが禁じられる点であり、これは「絶食して身体内から世俗の汚れを払い落とし、清浄な身となって神の食膳にのぼらねばならない」ということであると。中村生雄、前掲書、一六九頁。

筆者はこれに二点ほど付け加えたい。一つは、既に述べたように近世では、鵜に対して執拗とも思われる四度の「清メノ祓」が行われる。これも神に対する清浄な贄とする意味であろう。もう一つは、鵜祭神事で行われる神職と鵜捕部との周知の問答である。それは、禰宜「鵜捕部、鵜捕部」、鵜捕部「オー」、禰宜「鵜は荒鵜かと宣り給う」、鵜捕部「オー」、禰宜「羽はそげたるか足痛みたるか、よく見よと宣り給う」、鵜捕部「鵜は荒鵜にて安くけげしく候」云々、という近世以来、今日まで続く問答である。このような問答が年を経て繰り返しなされてきたことに、一見奇異な思いを持つが、それは、神への贄として、取れたばかりの新鮮で欠陥のない贄であることの確認という意味であったと考えられる。

（15）藤島秀隆「近世能登の紀行とその説話」『加賀・能登の伝承』桜楓社、一九八四年、八九―九〇頁。

（16）鵜の捕獲先任者が「鵜捕主任」という呼称を持つ以前に、「與四兵衛」と呼ばれていたことが、一八八三（明治十六）年の「旧式鵜祭」という文書の記述にある。志倉為流「鵜祭舊式」『風見集二篇　一名鵜祭』所収、一八八四（明治十七）年。なおこの文書は、早稲田大学中央図書館に所蔵されており、その全文は同図書館のウェブサイトで閲覧可能である。森田平次『能登志徵』（太田敬太郎校訂、石川県図書館協会、一九三七年）にその詳細な紹介がある。なおこの「與四兵衛」が小西家であるのか否かは不明である。

(17) 二〇一八年の気多本宮の新嘗祭で筆者が直接に見聞した神饌は、鵜（籠）を中心に、鮑、紅白の柏餅、柏の葉、どぶろく（白酒）、稲穂、鯉である。

(18) 諏訪藤馬他『鹿西地方生活史』一九〇九（明治四十二）年、その後、諏訪俊雄・門野實校訂『校訂　鹿西地方生活史』鹿西・鹿島・鳥屋三町教育委員会（刊行後援）、一九六五年、一七四頁。

(19) 市田雅崇、前掲論文、一〇四頁。

(20) 森田平次著、太田敬太郎校訂『能登志徵』上編、石川県図書館協会、一九三七年、八四頁。

(21) 小倉学「鵜祭考（一）」『加能民俗』第十二号、一九五二年、五頁。

(22) 七尾の宿は「鵜浦宿」であったが、後述する幕末の文書㉛「能登国神異例」によれば、気多本宮になっていたことがわかる。その後については、道端弘子の聞き取りがある。気多本宮の鵜を安置した「鵜殿」が焼失し、当時七尾の旅館組合の長をしていた「えびす屋」旅館が宿を引き受け、さらに後「大津屋」旅館が宿を引き受け、「大津屋」の廃業とともに、現在の「さたみや」旅館になったとある。道端弘子『のと師走の風物詩　鵜様道中』北國新聞社出版局、二〇一六年、十五頁。

(23) 気多社での鵜捕部の宿は、明治期の文書である前述の日誌類では、「藤井政行」家、「日下洗一郎」家が記され、特に「日下」家が「定宿」と書かれている。詳しくは前掲拙稿「明治・大正期における鵜祭の諸相—気多神社日誌・通信記録から—」を参照。また前掲、田川捷一「鵜祭の道」には、「古老の言い伝えによると」、「気多神社近くの旅籠に宿泊した」といい、「宿の屋号は与四兵衛」であったとしている。田川捷一、前掲書、二五八—九頁。なお現在は鵜捕部は社務所で宿泊する。

(24) 鵜の行き先伝承として諏訪と能生があるが、能生説の背景に関しては小倉学の考察がある。前掲「鵜祭考（一）」、九—十一頁。諏訪説については未だ誰も取り上げていない。

(25) 気多社の国幣大社昇格運動と、それに伴う鵜祭の変容については、拙稿「明治・大正期における鵜祭の諸相―気多神社日誌・通信記録から―」を参照されたい。

(26) 和田文次郎『羽咋志』北陸出版協会、一九〇九（明治四十二）年、下篇三頁。

(27) 長岡博男「気多の鵜祭」『金澤民俗談話會報』第十五号、一九四〇年、三―四頁。

(28) 小倉学「梶井家年中行事」、若林喜三郎編『金丸村史』金丸村史刊行委員会、一九五九年、後に『加賀・能登の民俗　小倉学著作集第一巻　神社と祭り』瑞木書房、二〇〇五年、四四七頁。

【執筆者紹介】掲載順　＊は編者

由谷 裕哉（よしたに ひろや）＊

1955年生　金沢大学客員研究員・小松短期大学名誉教授

『神社合祀　再考』（岩田書院、2020年、編著）

『近世修験の宗教民俗学的研究』（岩田書院、2018年）

『郷土再考―新たな郷土研究を目指して―』（角川学芸出版、2012年、編著）

鏑木 紀彦（かぶらき のりひこ）

1964年生　石川県近世史料編さん室主幹

「鎌倉期高野山無量寿院と加賀国益富保」（『北陸史学』第六十八号、2019年）

「中世後期の安祥寺流について―隆快・光意の事跡を中心に―」（『ヒストリア』第257号、2016年）

「吉田家の道統断絶について―能登国一宮気多神社桜井俊基から吉田兼右への返し伝授を中心に―」（『神道宗教』第220・221号、2011年）

本林 靖久（もとばやし やすひさ）

1962年生　大谷大学真宗総合研究所研究員・大阪大学非常勤講師

「地域社会における真宗寺院の現状と課題―岐阜県旧春日村の墓制と葬儀の変遷を通して―」（『大谷大学真宗総合研究所研究紀要』第37号、2020年、共著）

「日本民俗学における真宗研究序説―柳田民俗学にとっての真宗研究を問う―」（『京都華頂大学・華頂短期大学研究紀要』第60号、2015年）

「真宗の土徳と郷土の形成―柳宗悦と城端別院善徳寺の関わりから―」（由谷裕哉編『郷土再考―新たな郷土研究を目指して―』角川学芸出版、2012年）

干場 辰夫（ほしば たつお）

1952年生　日本民俗学会会員

『「日本文化論」を越えて――加藤周一「土着世界観」論とその行く先』（花伝社、2019年）

『東京23区区立博物館“辛口”批評』（花伝社 、2013年）

『日本社会のグランドデザイン―どんな社会を目指すのか』（日新報道、2012年）

能登の宗教・民俗の生成

2022年9月30日　初版発行　　定価　2,500円＋税

編　者　由谷裕哉
発行者　勝山敏一

発行所　桂書房
〒930-0103
富山市北代3683-11
電話　076-434-4600
FAX　076-434-4617

印刷／モリモト印刷株式会社

ISBN 978-4-86627-123-1

地方小出版流通センター扱い